Killjah Drift Basah

Bau deinen ersten PC

Ein Handbuch für Anfänger

Killjah Drift Basah

BAU DEINEN ERSTEN PC

Ein Handbuch für Anfänger

Impressum

Bibliografische Information der Deutschen Nationalbibliothek:
Die Deutsche Nationalbibliothek verzeichnet diese Publikation in der Deutschen Nationalbibliografie; detaillierte bibliografische Daten sind im Internet über http://dnb.dnb.de abrufbar.

© 2022 Killjah Drift Basah

Herstellung und Verlag: BoD – Books on Demand, Norderstedt

ISBN: 978-3-7557-5357-5

Inhaltsverzeichnis

Einleitung

Die Konsole bietet nicht mehr die Funktionen, die du benötigst oder der alte PC hat nicht genügend Leistungsstärke? Damit ist die Entscheidung gefallen: Ein neuer PC muss her.

Nach einer kurzen Eigenrecherche wird dir sicher klar: Das Angebot an fertig zusammengebauten Computern ist enorm.

Einen Rechner zu besitzen, der sofort nutzbar ist, scheint sehr verlockend. Um den PC zu nutzen, braucht dieser einfach nur Strom.

Jedoch trügt dieser Schein.

Sogenannte „Fertigcomputer" haben meist mehr Nach- als Vorteile:

Wie schon erwähnt, fällt der Zusammenbau des Rechners komplett weg. Er ist direkt nach Kauf anschließ- und damit nutzbar. Da auch nur ein falsch gelegtes Kabel bei einem Eigeneinbau den Start verhindern kann, ist ein Komplett-PC für einen Neuling sehr interessant. Hersteller prüfen ihre Rechner vor Verkauf auf ihre Funktionsbereitschaft. So muss sich der Käufer keine Gedanken machen und ein reibungsloser Start ist trotz geringer Vorkenntnisse garantiert.

Allerdings sind die verbauten Spezifikationen oft nicht so gut, wie sie angepriesen werden. Es wird an den falschen Stellen gespart und Nutzer, die wenig oder keine Ahnung in dem IT-Bereich haben, können schnell Opfer von Betrug werden.

Dazu sind die fertig zusammengestellten Rechner nicht auf dich zugeschnitten und lassen sich zusätzlich nicht aufwerten. Oft ist sogar eine eigene Reparatur unmöglich, da die Teile des Computers fest miteinander verschweißt sind. So gibt es keine Chance für einen Ausbau. Die PCs lassen sich zwar bei den Herstellern einsenden, allerdings kann das bei Garantieauslauf mit Mehrkosten verbunden sein. Wird bei der Einsendung der eigenständige Versuch des Ausbaus festgestellt, kann der Hersteller auch Teile der Garantie fallen lassen.

Die andere Option, der Eigenbau-PC, ist wesentlich flexibler.

Du hast die Möglichkeit den PC aufzuwerten und die Option ist im Normalfall sogar kostengünstiger. Zum Erscheinungstermin des Buches, stimmt dies leider nicht mehr. Ein internationaler Mikrochipmangel verteuert neue und alte PC-Spezifikationen.

Eigentlich würde das bedeuten, dass Fertig-PCs teurer werden. Jedoch stimmt dies nur in einem geringen Maß. Systemintegratoren, umgangssprachlich Fertig-PC-Hersteller, haben weiterhin Zugriff auf bestimmte PC-Spezifikationen, unter anderem weil diese ihre Teile in großen Mengen kaufen und sie so einen günstigeren Preis verlangen können. Zusätzlich stellen Teile-Hersteller oft auch eigene Fertig-PCs zur Verfügung und können diese bevorzugen.

Bei einer Neuerscheinung von PC-Bauteilen, kannst du den eigenen PC damit optimieren, solange alle anderen Teile kompatibel sind. Wir befinden uns in einer sehr schnelllebigen Zeit. Dies führt dazu, dass PC-

Teile schon nach kurzer Zeit nicht mehr den neuesten Ansprüchen erfüllen.

Ein gutes Beispiel hierfür ist die Grafikkarte. Falls du Videospiele spielen willst, welche sehr leistungsaufwändig sind, kann es sein, dass alte Grafikkarten Probleme mit der Verarbeitung des Spiels haben. Das Spiel läuft nicht mehr reibungslos und es kommt zu Grafikfehlern.

Der Zusammenbau-PC gibt dir hier die Möglichkeit, die Grafikkarte einfach aufzuwerten, indem du eine Neue einbaust.

Falls du ein Problem mit einem bestimmten Computerteil hast, kannst du dieses auch einfacher ersetzen, da dieses selbstständig ausbaubar ist. Eine Einsendung des kompletten PCs ist nicht nötig.

Der Eigenbau-PC lässt sich auf deine Bedürfnisse zuschneiden. Du möchtest viel mit Programmen arbeiten, die viel Leistung benötigen? Oder soll es doch lieber ein Gaming-PC für Spiele mit hohen Grafikeinstellungen sein? Vielleicht reicht dir auch ein schwächerer PC für das Büro. Dieser besitzt die Mindestanforderungen für Textverarbeitungs- oder Präsentationsprogramme wie beispielsweise Microsoft Word.

Es liegt in deiner Hand und mit diesem Buch findest du heraus, was für dich entscheidend ist.

Zusätzlich kannst du durch den eigenen Aufbau deines PC die verbauten Teile besser kennenlernen und verstehen, warum sie an dieser bestimmten Stelle eingebaut werden.
Vielleicht macht dir der Zusammenbau auch einfach nur Spaß.

Doch worauf muss geachtet werden?

- Welche PC-Teile werden benötigt, um den Computer ordnungsgemäß starten zu können?
- Wie funktionieren diese PC-Spezifikationen?
- Welche Kabel sind wichtig?
- Werden, neben den Computerbauteilen, noch zusätzliche Geräte benötigt?

All diese Fragen und mehr beantwortet dir dieses Buch.

Wir, die Klasse 10FI der Beruflichen Schulen Untertaunus in Taunusstein, erklären dir, welche Maßnahmen du vor einem Kauf tätigen musst, welche Computerbestandteile vor Beginn benötigt werden, was du über die Computer-Spezifikationen wissen musst und wie du schlussendlich den PC zusammenbaust. Zum Abschluss des Buches beschreiben wir zusätzlich die erste Inbetriebnahme und wie du ein Betriebssystem auf deinem neuen Rechner installierst.

So ist ein guter Start garantiert und du kannst dir sicher sein, dass dein PC funktionstüchtig ist.

Wir wünschen dir viel Spaß und Erfolg bei dem Zusammenbau deines PCs![1]

---

[1] https://www.pcgames.de/Hardware-Thema-130320/Specials/Fertig-PC-oder-PC-selber-zusammenstellen-bauen-Hilfreiche-Tipps-Wissen-und-sechs-Beispiel-PCs-zum-Selberbauen-1215794/
https://www.pcwelt.de/a/pc-kaufen-oder-bauen-welche-variante-ist-besser,3450616
https://www.pcbuildersclub.com/2021/06/fertig-pc-guenstiger-als-der-selbstbau-verschiedene-anbieter-im-vergleich/

Mainboard

Was ist ein Mainboard/Hauptplatine und warum brauchst du das?
Das erste und wichtigste Bauteil eines Rechners ist das Mainboard. Vielleicht kennst du bereits einige Alternativnamen hierfür: „Motherboard", „MOBO" oder „Hauptplatine". Du musst wissen, dass man durch die Auswahl des Mainboards alle anderen Bauteile, die für den Zusammenbau eines PCs benötigt werden, bestimmen kann. Ohne Mainboard kannst du deine Bauteile nicht einbauen, wodurch sie nicht miteinander kommunizieren können und dein Rechner nicht funktionieren wird. Damit dein Rechner funktionsfähig ist, benötigt es eine CPU (Central Processing Unit), RAM (Random Access Memory) /Arbeitsspeicher, GPU (Graphics Processing Unit) und das Wichtigste: Eine sichere Stromquelle, die vom Netzteil „Power Supply Unit" kurz PSU genannt, kommt.

Keine Sorge, das sind alles Begrifflichkeiten, die später in diesem Buch auch erläutert werden, damit du genau weißt, welche Teile in deinem Rechner reingehören.

Für dieses Kapitel werden wir uns auf die Einzelheiten des Mainboards konzentrieren und worauf man beim Kauf deiner Komponenten achten sollte.

Hier ist eine Zusammenfassung der Themen, die in diesem Kapitel vorkommen:

- Verwendungszwecke von PCs
- Bauformen der Mainboards
- Moderne Mainboard Anschlüsse
- Chipsätze und warum sie wichtig sind

- I/O Shields
- CMOS Battery und das BIOS,
- PCI-E 3.0 und 4.0: Warum es einen Unterschied gibt und was bringt dir das für die Zukunft?

Kommen wir nun zu den einzelnen Teilen des Mainboards:

iGPUs:

Heutzutage kommen viele CPUs mit einer integrierter Grafikeinheit, das nennt man entweder APU oder iGPU. Wenn du einen Allrounder Rechner benötigst, reichen diese und du musst dann keine zusätzliche Grafikkarte kaufen, wodurch du viel Geld sparen kannst. Die meisten Intel Prozessoren haben eine integrierte Grafikeinheit, heutzutage heißt diese IRIS. Bei AMD muss man auf die Prozessorbezeichnung achten. Prozessoren mit Grafikeinheit enden mit einer [G] Bezeichnung Ryzen 5600G™. Falls man einen Prozessor mit iGPU hat, kann man seinen PC auch ohne vollwertige GPU betreiben und kann an seinem Mainboard auch direkt ein HDMI Kabel anschließen. Spiele kann man meistens nicht in hoher Qualität mit der besten Auflösung spielen. Meistens werden hier FullHD 1080P und niedrige bis mittlere Einstellungen unterstützt.

Formfaktoren von Mainboards:

Mainboards haben bestimmte Formfaktoren, die die PC-Industrie benutzt, um Größen und Standards einzuhalten. Hier eine Auflistung der gängigsten Formfaktoren, die es heute gibt:

- ATX 305x244 mm | 12x9,6 Zoll
- Micro ATX 244x244 mm | 9,6 x 9,6 Zoll

- Flex ATX 229 x 191 mm | 9,0 x 7,5 Zoll
- DTX 244 x 203 mm| 9,6 x 8 Zoll
- Mini ITX 170 x 170 mm | 6,7 x 6,7 Zoll

Es gibt noch viele weitere Formfaktoren, welche für die gängigsten Zwecke aber irrelevant sind. Wie du sicherlich bereits bemerkt hast, haben die Formfaktoren verschiedene Größen. Je mehr Anschlüsse dein Mainboard hat, umso größer wird es sein. Je kleiner dein Board, desto weniger Anschlüsse hat dein Mainboard. Auch die Auswahl des Gehäuses ist hiervon abhängig.

BIOS Battery/CMOS Battery:

Falls dein Rechner nicht normal hochfahren sollte, kann man die BIOS Batterie entfernen. Diese sieht aus wie eine kleine Knopfzelle. Hier werden die Standardeinstellungen geladen und der Rechner versucht so, mit diesen Einstellungen den PC zu starten. Die BIOS Batterie ist auf dem Mainboard vorinstalliert und hält meistens 10-20 Jahre. Ohne die Batterie kann sich dein Rechner die Uhrzeit und BIOS Konfigurationen nicht merken.

Michael Wolf, Penig, CC BY-SA 3.0 <https://creativecommons.org/licenses/by-sa/3.0>, via Wikimedia Commons https://commons.wikimedia.org/wiki/File:MSI_B350_Gaming_Pro_Carbon_18539.jpg

Steckplätze:

Mainboards haben heutzutage eine Vielzahl von modernen Anschlüssen, die auch später in diesem Buch erläutert werden: Hier ist eine kurze Ausführung der gängigsten Steckplätze, die für dich relevant sein könnten:

CPU-Sockel:

Gibt es im LGA (Landing Grid Array), die hauptsächlich von Intel Prozessoren verwendet werden oder PGA (Pin Grid Array), die hauptsächlich von AMD Prozessoren verwendet werden. Dein Prozessor wird auf dem CPU-Sockel des Mainboards platziert. Dadurch kann das Mainboard mit dem Prozessor kommunizieren.

LGA Sockel 1200 [INTEL]:   ### PGA Sockel AM4 [AMD]:

Gavin Bonshor, CC BY-SA 4.0 <https://crea-tivecommons.org/licenses/by-sa/4.0>, via Wikimedia Commons https://commons.wikimedia.org/wiki/File:Intel_LGA1200_Socket.jpg

Michael Wolf, Penig, CC BY-SA 3.0 <https://creativecommons.org/licenses/by-sa/3.0>, via Wikimedia Commons https://commons.wikimedia.org/wiki/File:Sockel_AM4_6936.jpg

ATX12 V:

Dieser Stecker befindet sich meistens oben Links auf dem Mainboard und verfügt heutzutage über 8 Pole. Dieser ist für die Stromversorgung deiner CPU zuständig.

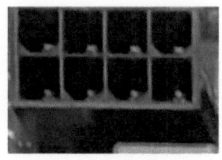

ATX24 V:

Dieser Stecker verfügt heutzutage über 24 Pole und ist für die Stromversorgung deines Mainboards und fast alle anderen deiner Komponenten zuständig.

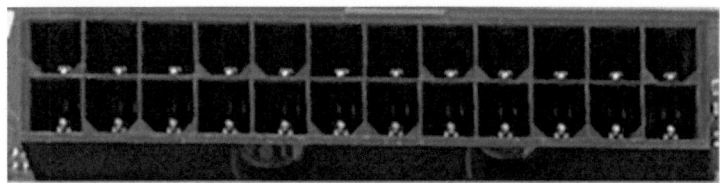

RAM:

2 bis 4 Steckplätze für deinen Arbeitsspeicher. Hier installierst du deine Ram Riegel. Du solltest dich an das Handbuch deines Mainboards richten, um zu wissen, in welchen Steckplätzen du die Riegel installierst. Jedes Mainboard ist unterschiedlich und manche Hersteller bevorzugen eine andere Belegung der Steckplätze. Im Buch wird später erläutert, wie RAM funktioniert.

PCI-Express x16 3.0 oder 4.0:

Peripheral Component Interconnect x16 wird für viele diverse Peripheriegeräte benötigt. Beispiele hierfür sind: Deine Grafikkarte, Video Capture Cards zum Aufnehmen und Streamen von externen Geräten wie z. B. Konsolen für Videospiele und Hochgeschwindigkeitsspeichergeräte.

PCIE 3.0:

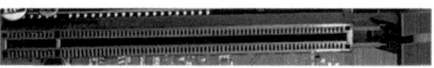

PCIE 4.0:

PCI-Expressx1:

ähnlich zu PCI-Express x16 nur, dass der Anschluss wesentlich kleiner ist und weniger Lanes hat. Lanes sind wie Straßen, die das Gerät mit deinem Mainboard verbinden. Wenn du eine geringe Anzahl an Lanes hast, ist dein Gerät langsamer. Das ist der Hauptgrund, weshalb Grafikkarten hierdurch nicht betrieben werden sollten. Der zweite Grund

hierfür ist, dass sie hier nicht reinpassen. Meistens wird der Anschluss für kleinere Peripheriegeräte wie z. B.: WLAN-Karten, USB 2.0 Erweiterungen verwendet.

SATA, E-SATA:

SATA Serial-ATA werden von Festplatten/SSDs und Blu-ray oder DVD-Laufwerke verwendet, um diese Geräte mit deinem Mainboard zu verbinden.

NVME/M.2:

M.2 Slots werden verwendet, um diverse sehr kleine Komponenten zu verbinden. Heutzutage werden meistens sehr schnelle NVME SSDs verwendet, damit man die maximalen Speichergeschwindigkeiten erreichen kann. Sonstige Verwendungen sind 3G/WLAN Sticks usw...

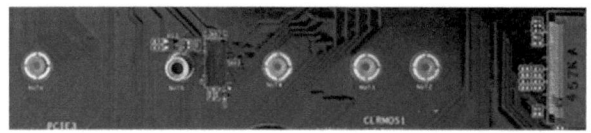

USB2.0|3.0:

Interne USB2.0 und 3.0 Anschlüsse sind für dein Gehäuse da, damit die USB-Anschlüsse deines Gehäuses funktionieren und ordentlich mit deinem Mainboard kommunizieren können.

USB 3.0:

USB 2.0:

SOUND AC-97:

Falls dein Gehäuse AUX Klinken Anschlüsse hat, kannst du das Kabel deines Gehäuses hier anschließen.

POWER/BOOT/RESET/HDD-LIGHT/:

Diese Anschlüsse sind sehr klein und müssen angeschlossen werden, damit deine Power und/oder Reset Taste am Gehäuse funktioniert.

PCI-E 3.0 vs 4.0: Warum musst du den Unterschied wissen?

Damit du gut für die Zukunft gewappnet bist, lohnt es sich auch ein Mainboard zu kaufen, das PCI Express 4.0 besitzt. PCI Express 4.0 bietet dir eine maximale Geschwindigkeit von 32 Gigabyte pro Sekunde an, während 3.0 dir nur 16 Gigabyte pro Sekunde liefert. Du fragst dich jetzt sicherlich, warum du das Wissen musst. Neuere Grafikkarten profitieren von PCI Express 4.0, da sie hierdurch mehr Bandbreite haben. Konkret bedeutet das für dich, dass du mehr FPS (Frames Per Second) in Spielen erzielen kannst. Deine Spiele laufen hierdurch potenziell flüssiger. Alternativ hast du eine sehr schnelle Speicherschnittstelle für schnelle SSDs.

Verwendungszweck Mainboard

In unserem Beispiel sprechen wir drei verschiedene Arten von Szenarien an, für welche jeweils eine andere Art von Mainboard benötigt wird. Wir behandeln die Auswahl eines Mainboards für einen Allrounder PC, dieser soll als alltagstauglicher PC fungieren. Dieser PC soll Office Anwendungen handhaben können, genauso wie viele der bekannten Multimediaanwendungen wie z. B. Video und Musik Streaming.

Was uns bei diesem Szenario wichtig ist, ist die Balance von Ausstattung zu der Größe des Mainboards. Die Größe des Mainboards, auch Formfaktor genannt, welche sich optimal für einen Allrounder PC eignet, sind Mini-ITX und Micro-ATX (auch µ-ATX genannt). Mainboards in diesem Segment verfügen über alles, was für einen Allrounder PC von Nöten ist. Das Mainboard sollte über USB-Anschlüsse, zwei bis vier RAM-Steckplätze, ein bis zwei PCIe-Steckplätze, einen HDMI-Ausgang sowie über einen aktuellen Sockel verfügen. Ein Mainboard für einen Allrounder PC sollte bis zu maximal 100 € bis 120 € kosten.

Im Vergleich dazu suchen wir uns nun ein Mainboard für einen High-End Gaming PC aus. Da wir für einen solchen PC ein deutlich größeres Budget verfügen, können wir auch ein deutlich besser ausgestattetes Mainboard nehmen, welches über mehr Steckplätze verfügt, somit auch einen größeren Formfaktor hat und uns mehr Möglichkeiten bietet, mehr Leistung aus dem PC herauszuholen. Für leistungsstarke High-End Gaming PCs sind Mainboards des Formfaktors ATX üblich, da diese viel Platz für allerlei Steckplätze und Feature verfügen. Eine genaue Aussage zu tätigen, was ein Mainboard für einen High-End Gaming PC haben muss, ist schwer zu treffen, genauso wie darüber eine genaue Preisauskunft zu geben. Das liegt vor allem daran, dass ausstattungstechnisch sowie kostentechnisch es nach oben keine Grenze gibt. Hier kommt es drauf an, was du wirklich für den PC brauchst oder haben möchtest. Für alle Wünsche und Vorlieben in dieser Preissektion gibt es Mainboards. Es gibt sogar komplett wassergekühlte Mainboards, welche sich hervorragend für eine komplette Wasserkühlung des Systems eignen.

Bei einem Media PC sind unsere Ansprüche an ein Mainboard ähnlich zu dem des Allrounder PCs. Mainboards der kleineren Formfaktoren wie Mini-ITX, µ-ATX, aber auch ATX Mainboards eignen sich hierfür optimal. Hier empfehlen wir besonderen Wert darauf zu legen, dass das Mainboard über genügend SATA-Anschlüsse verfügt, um genügend HDDs oder auch SSDs an das System anzuschließen, da es typisch ist, für Media PCs über viel Speicherplatz für Filme, Videos und Musik zu verfügen. Ebenso wichtig ist hier, dass das Mainboard über einen WLAN-

Chip verfügt. Mit dem WLAN-Chip eingehend verfügt das Mainboard und somit auch unser Media-PC über Bluetooth. Dies ist für einen Media-PC essenziell, da wir in mit möglichst vielen anderen Geräten wie Musikanlagen, Funkmäusen, Funktastaturen oder Smart TVs verbinden möchten. Preislich sind Mainboards mit diesen Ausstattungen etwas über den der Office-PCs angesiedelt. Man kann von einer Preisspanne von 130 € bis 180 € ausgehen.

Sockeltypen

Ein essenzieller Bestandteil des Mainboards ist der Sockel oder auch der CPU- Sockel. Dieser hat die Aufgabe, das Mainboard mit unserer CPU zu verbinden. Diese Schnittstelle bildet das Bindeglied zum Herzstück unseres PCs. Sockel kommen in verschiedenen Formen, auf welche verschiedene CPUs Platz finden. In erster Linie müssen wir zwischen AMD- und Intel-Sockel unterscheiden. Wo AMD und Intel hierbei die am weitesten verbreiteten CPU-Hersteller sind. Weshalb die erste Frage, die zu klären ist, ob wir ein AMD oder Intel CPU haben. Je nachdem fällt auch die Wahl unseres Mainboards aus. Doch nicht jede AMD und auch nicht jede Intel CPU passt auf jeden Sockel von AMD oder Intel. Hierbei ist die Bezeichnung des Sockels sehr wichtig. Als Beispiel der AMD Ryzen 3700 X passt auf einen AM4 Sockel und ist nur mit AMD Mainboards kompatibel, welche ebenfalls über einen AM4 Sockel verfügen. Ein andere CPU des Herstellers AMD wie z. B. der AMD Ryzen Threadripper 2920X hat einen TR4 Sockel, welcher somit nicht auf ein AM4 Board passt, sondern auf ein Mainboard mit TR4 Sockel muss. Die derzeit am weitesten verbreiteten CPU-Sockel sind von AMD der AM4 Sockel und von Intel, der 1700 und 1200 Sockel.[2]

---

[2] https://de.wikipedia.org/wiki/I/O-Shield 1

Chipsätze

Haben wir ein Mainboard gewählt, welches den Sockel hat, den unsere CPU benötigt, ist es noch wichtig, auf den Chipsatz des Mainboards zu schauen. Der Chipsatz beim Mainboard hat die Aufgabe, die interne Kommunikation zwischen den Komponenten zu regeln. Abgesehen davon enthält der Chipsatz die grundlegende Firmware des Mainboards, das BIOS oder bei modernen Mainboards dem UEFI. Da der Chipsatz die Aufgabe der Kommunikation zwischen den Komponenten hat und somit als Rückgrat des Mainboards fungiert, ist es von Bedeutung, dass unsere CPU mit dem Chipsatz kompatibel ist. Um herauszufinden, ob unser Mainboard mit einem bestimmten Chipsatz kompatibel ist, müssen wir bei der Auswahl des Mainboards darauf achten, welcher Chipsatz verbaut ist und welche Prozessorgenerationen unterstützt werden. Als Beispiel der A320 Chipsatz von AMD unterstützt AMD Ryzen- Prozessoren von der Ryzen 1000er bis zur Ryzen 3000er Reihe. AMD Ryzen Prozessoren der 5000er Reihe werden vom A320 Chipsatz nicht mehr unterstützt, da dieser Chipsatz nicht die Anforderungen an die 5000er Reiher erfüllen kann und nicht über genügend eigene Leistung verfügt. Aber anders herum geht es genau so. Der X570 Chipsatz unterstützt Ryzen-Prozessoren von der 2000er bis zur 5000er Reihe, jedoch keine der 1000er, da der Chipsatz hier zu modern und fortschrittlich ist, was ihn inkompatibel mit älteren Prozessoren macht. Die Information, über welches Mainboard welchen Chipsatz verfügt und mit welchen Prozessoren diese kompatibel sind, erhalten wir immer auf der Herstellerseite des Mainboards.[3]

---

[3] https://www.youtube.com/watch?v=psQa3dSk4JY

I/O-Shield

Das I/O-Shield oder auch Anschlussblende. Das I/O-Shield hat beim Mainboard zwei Aufgaben. Zum einen schützt es das Mainboard sowie das Gehäuse vor elektromagnetischer Strahlung und andererseits bietet es Schutz vor dem Eindringen unerwünschter Kleinteile, Staub sowie Partikeln, die in das Gehäuse eindringen könnten. Bei I/O-Shields gibt es zwei Arten. Bereits fest installierte I/O-Shields am Mainboard selbst wie z.B. beim ASUS ROG Crosshair VIII Extreme und jene die beim Mainboard mitgeliefert werden und noch installiert werden müssen. Diese werden dann am hinteren Ende des PCs in die große rechteckige Öffnung gedrückt. [4]

DDR4 oder DDR5

Stand 2022 besteht die Frage, DDR4 oder DDR5 Arbeitsspeicher. Auch mit dieser Spezifischen Frage befassen wir uns. Essenziell wichtig hierzu ist erst mal, dass euer Mainboard über DDR5-Slots verfügt. Derzeit sind das ausschließlich Intel Mainboards mit dem Z690 Chipsatz und dem 1700 Sockel, welche Intel Core-i-12000 Prozessoren unterstützen. Man kann von einer Leistungssteigerung von bis zu 25% im Vergleich zu DDR4 ausgehen, aber das lässt man sich auch kosten. Für ein Mainboard mit DDR5 Slots zahlt man das doppelte von einem Mainboard mit DDR4 Slots. Kurz zusammengefasst ist DDR5 schneller, aber der Unterschied stand März 2022 zu DDR4 ist kaum merkbar und vergleichsweise teuer. Im Großen und Ganzen empfehlen wir DDR4, wenn ihr ein enges Budget habt. Solltet ihr aber bereit sein, den Aufpreis, der mit DDR5 kommt, zu zahlen, seid ihr schon für die nächsten Jahre zukunftssicher, da ihr bereits ein Mainboard mit DDR 5 habt. [5]

---

[4] https://de.wikipedia.org/wiki/I/O-Shield
[5] https://www.youtube.com/watch?v=0fv7FIlkNZc

Prozessor

Die CPU (Central Processing Unit) wird oft auch als Hauptprozessor bezeichnet.

Hierbei handelt es sich um das Herzstück eines Computers.

Ohne CPU kann der PC nicht arbeiten, da der Prozessor für alle Berechnungen und den Datenaustausch zwischen Speicher und den Komponenten verantwortlich ist.

CPU ist die zentrale Prozessoreinheit in einem elektrischen Gerät, die im Zuge der Verarbeitung der daran übergebenen Befehle seine Funktionsweise steuert.

CPU-Aufgaben:

Sie führt Berechnungen durch, arbeitet Befehle ab und steuert die anderen Komponenten.

Wichtig bei den CPU:

Bei der Auswahl der richtigen CPU spielt in erster Linie die Anzahl der Kerne eine Rolle.

Mehr Kerne bedeutet eine höhere Taktfrequenz.

Je größer die Anzahl von Instruktionen pro Taktzyklus ausfallen, desto leistungsfähiger zeigt sich der Prozessor.

CPU-Geschwindigkeit:

Die Taktfrequenz ist die Geschwindigkeit, mit der ein Mikrochip oder eine CPU arbeitet.

Sie wird in der Regel in Gigahertz (GHz) gemessen, also in Milliarden Zyklen pro Sekunde.

CPU-Hersteller:

Diese Kategorie enthält Unternehmen, die Prozessoren oder Mikroprozessoren (CPU) entwickeln oder entwickelt haben.

Für Desktop-PCs und Notebooks sind zwei CPU-Hersteller wichtig: AMD und Intel.

Beide bieten eine große Palette an Mehrkernprozessoren an.

Bei der Auswahl von die CPUs empfehle ich dir gerne:
Für aktuelle 3D Spiele einer mit mindestens vier Kernen.

Wird der PC für Bildbearbeitung und Videoschnitt zusammengestellt, sollten es vier Kerne und mindestens 3 GHz (Intel) oder 3,5 GHz (AMD) sein.

Prozessor Typen im Überblick:

- AMD Athlon
- AMD Phenom II
- AMD Ryzen
- Intel Celeron
- Intel Core i3
- Intel Core i5
- Intel Core i7
- Intel Core i9
- Intel Pentium

Sind CPUs verschiedener Hersteller kompatibel?

Für den Prozessorsockel sind die Prozessor-Hersteller verantwortlich, die an dieser Stelle aber mit dem Chipsatz- und Motherboard-Herstellern zusammenarbeiten.

Da mit jeder neuen Prozessor Generation auch ein neuer Prozessor-sockel kommt, passen neuere Prozessoren nicht mehr in ältere Mainboards.

Der Chipsatz:

Der Chipsatz befindet sich auf dem Motherboard und verbindet alle Komponenten der Hauptplatine mit dem Prozessor.
Er regelt den Datenaustausch zwischen den Systemkomponenten.

Der Prozessorsockel:

Wichtig: Bevor du einen neuen Prozessor kaufst, prüf bitte, welchen Steckplatz deine Platine vorgibt – ältere PCs können oft nichts mit den aktuellen Prozessoren anfangen.

Ein Prozessorsockel (englisch CPU Socket) ist eine Steckplatzvorrich-tung für Computerprozessoren, um einen Prozessor austauschbar auf einer Hauptplatine oder eine Slot-CPU zu montieren.

Die aktuellen CPUs von AMD bringen den Sockel AM4 mit, die neuen Intel-Core Prozessoren meist den Sockel 1151.

PU-Sockel gibt es in zwei Ausführungen: LGA (Land Grid Array) und PGA (Pin-Gitter-Array).

LGA verwendet kleine Kontaktplatten, während PGA dünne Pins ver-wendet, um Ihre CPU mit Ihrem Motherboard zu verbinden.

Anbei ein Beispiel für PGA:

Anbei ein Beispiel für LGA:

EXTRAS
Die Herstellung einer CPU

Das Silizium wird durch Hitze aus dem Sand extrahiert und wird zu einem Block gegossen was sich Ingot nennt. Danach wird der Block Wafer gelangen mehrere dünne Schichten aus Siliziumdioxid, Siliziumnitrid und Fotolack.

Arbeitsspeicher

RAM ist die Abkürzung für „Random-Access Memory". Der RAM ist das Gedächtnis eines Computers. In ihm werden alle Daten gespeichert, welche der Computer zur Berechnung laufender Programme benötigt. Hierbei hängt die Leistung von mehreren Faktoren ab:

- Lese-/ Schreibgeschwindigkeit
- Datenübertragungsrate
- Speicherkapazität

Wie viel RAM brauche ich?

Wie viel RAM ein Computer benötigt hängt stark davon ab, welche Aufgabe er erfüllen soll.

Ein Rechner, der nur für Office Tätigkeiten verwendet wird, benötigt wesentlich weniger Arbeitsspeicher als ein Gaming-PC. Die optimale Speichergröße ist also von PC zu PC unterschiedlich. Man informiert sich am besten vor dem Kauf darüber, wie viel Arbeitsspeicher von den Programmen gefordert wird, die auf dem Rechner ausgeführt werden sollen.

Hierbei ist zu beachten, dass die Arbeitsspeicheranforderungen über die Jahre immer weiter steigen werden. Deshalb lohnt es sich in manchen Fällen, entweder direkt etwas mehr zu kaufen oder seinen Arbeitsspeicher so zu arrangieren, dass in der Zukunft weitere RAM-Stäbe nachgerüstet werden können.

Für den Fall, dass mal nicht genug Arbeitsspeicher vorhanden sein sollte, fängt ein System damit an die anfallenden Daten auf virtuellem Arbeitsspeicher auszulagern. Hierbei wird einfach ein Teil einer eingebauten Festplatte für das Auslagern reserviert.

Jetzt könnte man sich die Frage stellen, wozu man überhaupt RAM benötigt, wenn der Computer auch einfach eine normale Festplatte zum Zwischenspeichern verwenden kann. Das liegt daran, dass eine normale Festplatte wesentlich langsamer ist als Arbeitsspeicher, wodurch das Auslagern hier zum Flaschenhals wird. Der Prozessor muss in diesem Szenario wesentlich länger auf angeforderte Daten warten, was zu längeren Wartezeiten führt oder auch mal ein Spiel zum Ruckeln bringen kann.

Speicher-Controller

Speicher-Controller sind kleine Chipsätze, die die Aufgabe haben, den Arbeitsspeicher anzusprechen und zu initialisieren. Beim Initialisieren liest der Speicher-Controller alle zulässigen Betriebsparameter aus dem Speicher aus und nimmt diese beim Bootvorgang (Hochfahren) in Betrieb. Um ein möglichst latenzfreies (schnelles) Ansprechen des Arbeitsspeichers zu gewährleisten, liegt der Speicher-Controller direkt auf der CPU.

Der Speicher-Controller sorgt außerdem dafür, dass die RAM-Stäbe durchgängig in Betrieb bleiben und ihre Daten nicht von jetzt auf gleich verloren gehen. Dies geschieht über einen elektrischen Impuls, der mindestens alle 64 Millisekunden an die RAM-Stäbe geschickt wird.

Anders als „normale" Speichermedien, wie z.B. eine Festplatte, speichert der RAM seine Daten nur so lange, wie er mit Strom versorgt wird. Dies wird durch die zuvor genannten elektrischen Impulse gewährleistet.

Speicher-Typen

Arbeitsspeicher ist in verschiedene Kategorien eingeteilt. Die Benennungen „DDR3, -4, -5" findet man häufig im Namen eines RAM-Stabes, aber was bedeutet das?

Grundsätzlich gilt: desto höher die Zahl, desto neuer und schneller der Speicher. Hierbei ist darauf zu achten, dass der verbaute Prozessor mit der DDR-Version umgehen kann. Man sollte vor dem Kauf auch dringend Vergleiche (vorzugsweise Benchmarks) heranziehen, um sicherzustellen, dass man die richtige Entscheidung trifft.

Aufgrund des Alters der DDR2 Generation wird hier nicht darauf eingegangen.

Auf dem Papier ist DDR5 RAM meist wesentlich schneller als DDR4, wenn es aber zur Praxis kommt, ist der tatsächliche Performance Unterschied relativ niedrig, vor allem bei höheren Auflösungen wird der Unterscheid verschwindend gering. Man sollte sich also die Frage stellen, ob es wirklich notwendig ist viel Geld für ein DDR5 Modul auszugeben, wenn ein DDR4 Modul die gleichen Resultate liefert.

DDR4 hat im Vergleich zu DDR3 einen höheren Takt und mehr Kontakte, was eine höhere Bandbreite und generell eine höhere Geschwindigkeit zur Folge hat. Allerdings sind die Timings hier etwas höher, was dazu führt, dass bei manchen Anwendungsfällen DDR3 Speicher schneller sein kann als DDR4.

Außerdem bietet ein DDR4 Modul eine bessere Fehlerkorrektur.

Als Timing bezeichnet man die Reaktionszeit des RAM-Moduls, also die Zeit, die das Modul benötigt, um auf Anfragen des Prozessors zu reagieren.

Falls der zusammenzustellende Computer unter den Anwendungsbereich Gaming fällt, ist vor allem auf eine niedrige Latenz zu achten. Diese wird aus Taktfrequenz und Timing berechnet.

Weiterhin ist zu beachten, dass RAM in zwei verschiedene Bauarten aufgeteilt ist. Das ist einmal das sogenannte "Dual in Line Memory Module" (DIMM) und das "Small Outline DIMM" (SO-DIMM).

DIMM's werden in Desktop-PC's, SO-DIMM's in Laptops verbaut.

Wie viel MHz sollte mein RAM haben?

Viele Hersteller werben mit Geschwindigkeiten von bis zu 4000MHz, doch sind so hohe Geschwindigkeiten wirklich sinnvoll?

Wenn man sich einen Performance-Vergleich aller zu Verfügung stehender RAM-Geschwindigkeiten ansieht, fällt auf, dass mit hohen Geschwindigkeiten kaum mehr Leistung erzielt wird als mit niedrigen. Dies liegt zum Teil daran, dass viele CPUs nicht schnell genug arbeiten, um mit so hohen Geschwindigkeiten umgehen zu können.

Mit 2666MHz liegt man meist beim besten Preis/Leistungsverhältnis. Alles was diesen Wert übersteigt wird die Performance kaum bis gar nicht verbessern.

Man sollte sich also die Frage stellen, ob man sein Budget vielleicht lieber in eine schnellere CPU oder Ähnliches investieren sollte, um auch tatsächlich mehr Leistung für sein Geld zu bekommen.

Case & Lüftung

Die Frage, welche du stellst, wäre die: Wie du, für deinen ersten Computer, das richtigen Gehäuse und den richtigen Kühler auswählst?

Zu Beginn des Buchs, hast du schon einiges über die Bauteile des Computers gelernt und nun geht es weiter, denn wir konzentrieren uns auf diese zwei Bauteile: Gehäuse und Lüfter.

Das Gehäuse schützt alle Hardwarebauteile des PCs. Deshalb musst du darauf achten, bevor du andere Komponente kaufst, die Ausmaße zu kontrollieren. Wie du in dem zweiten Kapitel schon herausgefunden hast, sind zum Beispiel Netzteil, Kühler, Grafikkarte, Festplatte (SSD/HDD), Ram und Motherboard sehr wichtig.

Das Gehäuse kann aus verschiedenem Material, z. B. aus verzinktem Eisenblech (außen lackiert) oder aus Plastik sein.

Ein wichtiger Aspekt bei der Auswahl eines Gehäuses ist der sogenannte Formfaktor.

Damit das Gehäuse und die Hauptplatine zusammenpassen, haben sich die Hersteller der beiden Bauteile auf mehrere Standards geeinigt. Diese Formfaktoren sind im Laufe der Jahre auch gewissen Änderungen unterworfen worden.

Der Formfaktor beschreibt die Größe einer Hauptplatine und die notwendigen Ausmaße des Gehäuses. Ein kleineres Gehäuse begrenzt den Formfaktor des verwendbaren Mainboards.

ATX

Der wichtigste Formfaktor-Standard heutzutage ist ATX.

ATX definiert einen Standard für Hauptplatinen und Gehäuse. Viele ATX Gehäuse können auch Micro-ATX Hauptplatinen aufnehmen. Spezielle Gehäuse können noch größere E-ATX Hauptplatinen aufnehmen.

Micro-ATX

Vor allem in kleinen Tower-Gehäusen und bei Anbietern von Fertig-Computern findet man häufig Micro-ATX als Formfaktor.

Ein Micro-ATX Gehäuse begrenzt die Größe der Hauptplatinen. Micro-ATX Hauptplatinen sind zwar genauso breit wie ATX-Hauptplatinen, jedoch weniger hoch. Dadurch ist im Gehäuse und auf den Platinen etwas weniger Platz für Erweiterungs-Karten.

Heutzutage werden die Prozessoren mit immer mehr Transistoren (elektronische Bauelemente) verbaut, um die Leistung und die Geschwindigkeit der Antwort der Hardware zu steigern. Aufgrund der Temperatur erhöht sich und wenn das passiert, kann dies zur signifikanten Drosselung der Leistung und im Extremfall sogar zum Defekt der Hardware führen. Um dies zu vermeiden, solltest du die Wärmestrahlung des Computers durch eine zusätzliche Kühlung unterstützen.

Wir haben zwei verschiedenen Arten von Kühlung, das wären Luftkühlung und Wasserkühlung.

Luftkühlung

In der Luftkühlung gibt es zwei Kühlungsarten, passive- und aktive Luftkühlung. Bei der passiven Luftkühlung wird die Wärme über Kühlkörper an die Umgebungsluft abgegeben. Um eine bessere Leistung zu erzielen, benutzen einige Kühlsysteme Wärmerohre, um die Abwärme nach außen zu leiten. Bei der aktiven Luftkühlung wird die entstandene Abwärme der Komponenten über einen zusätzlichen am Kühlkörper befindlichen Ventilator nach außen befördert. Dabei entsteht im PC-Gehäuse ein permanenter Luftstrom. Die Luftkühlung ist in der Regel preisgünstiger als die Wasserkühlung. Passive Luftkühler sind im Betrieb geräuschlos, weil bei dieser Lösung keine bewegten Teile notwendig sind. Bei modernen Prozessoren mit hoher Leistung ist eine aktive

Luftkühlung nötig. Die Kühlleistung ist zum einen abhängig von der Größe des Kühlkörpers, zum anderen von dem durch den Ventilator erzeugten Luftstrom.

Die Vorteile von Luftkühlung:

- Leise
- Einfacher Einbau
- Standard-Kühllösung, die für die meisten Anwender genügt

Die Nachteile von Luftkühlung:

- Unter hoher Belastung etwas lauter
- Geringere Kühlleistung als Wasserkühlung

Wasserkühlung

Die Wasserkühlung zeichnet sich dadurch aus, dass die Abwärme der Prozessoren effizient und geräuscharm nach außen abgeführt wird. Aufgrund der im Vergleich zur Luftkühlung besseren Kühlleistung ist sie für dich geeignet, wenn du deinen PC übertakten möchtest. Der Kühlkörper kann in den meisten Fällen aus Aluminium oder Kupfer sein. In diesem Kühlkörper wird das Wasser durch eine Pumpe in einem Kreislauf bewegt. Die Abwärme des Prozessors wird von diesem Kreislauf aufgenommen und zu einem Radiator befördert, wo die vom Wasser gekühlte Wärme schließlich an die Umgebungsluft abgegeben wird. Auch bei der Wasserkühlung gibt es eine passive und eine aktive Kühlungsarten. Bei der passiven Wasserkühlung kühlt das Wasser ab und fließt im Kreislauf anschließend zurück. Bei der aktiven Variante sind Ventilatoren unverzichtbar, die die Kühlleistung zusätzlich unterstützen. Bevor du dich für eine der Kühlvarianten entscheidest, solltest du bestimmte Faktoren berücksichtigen. Grundsätzlich solltest du bedenken, dass eine

Wasserkühlung nur gezielt bestimmte Bereiche in deinem PC herunter-kühlt. Somit ersetzt ein Wasserkühler nicht die grundsätzliche Standard-Kühlung für andere verbaute PC-Komponenten. Bei einem CPU-Kühler solltest du grundsätzlich auf die Kompatibilität zwischen den Komponenten unterschiedlicher Hersteller bzw. Technologien achten. Basiert der Kühler auf AMD-Technologie, ist er häufig nicht mit Intel-Sockeln kompatibel. Dasselbe gilt umgekehrt.

Die Vorteile von Wasserkühlung:

- Geräuschlos
- Perfekter Wärmleiter
- Hohes Übertaktungspotenzial

Die Nachteile von Wasserkühlung:

- Hoher Preis
- Komplex Einbau
- Höheres Gewicht des PCs

Netzteil

Du willst deinen Computer selbst bauen und möchtest ein Netzteil kaufen, dann solltest du folgendes unbedingt beachten.

Sicherlich hast du dich schon einmal gefragt: Was ist ein Netzteil und wie funktioniert es?

Das Netzteil stellt das Herz deines Computers dar. Es hat die Aufgabe, alle Komponenten mit Strom zu versorgen.

Stell dir vor, aus der Steckdose kommt Wechselstrom, jedoch arbeiten die PC- Bauteile mit Gleichstrom. Es muss Wechselstrom in Gleichstrom umgewandelt werden. Zudem braucht jedes Bauteil des Computers eine bestimmte Spannung. Manche benötigen sogar mehrere Spannungen gleichzeitig. Das Netzteil sorgt dafür, dass jedes Bauteil die nötige Spannung erhält. Dazu verteilt das Netzteil den Strom auf verschiedene Kabelstränge mit unterschiedlichen Spannungen.

Wie viel Watt benötigt mein Netzteil?

Leistet dein Netzteil zu wenig Watt, kann dein PC bei hoher Auslastung abstürzen. Sollte die Leistung deines Netzteils zu wenig Leistung haben, fährt dein PC gar nicht hoch. Sollte dein Netzteil zu schwach sein, dann könnte dein Computer abstürzen – beispielweise bei Spielen oder beim Abspielen eines Videos. Denn die Bauteile nehmen so viel Leistung auf, dass das Netzteil sie nicht mehr zuverlässig mit der benötigten Spannung versorgen kann. Ein einfacher Büro-Rechner ohne Grafikkarte kommt mit einem 300 Watt Netzteil aus. Ein Gamer-PC sollte mindestens über ein 550 Watt Netzteil verfügen, denn ein Pixelbeschleuniger und ein flinker Prozessor dürsten nach Strom. High End Systeme mit mehr als einer Grafikkarte brauchen unter Umständen ein Netzteil mit 750 Watt oder mehr, um den Energiebedarf zu stillen.

Neben der Gesamt-Watt Zahl, bestimmen die Stromstärke auf den einzelnen Leitungen und die Gesamtleistung aller Leitungen die Einsatzmöglichkeit eines Netzteils. Die Details nennen die Hersteller auf ihren Webseiten und per Aufkleber auf jedem einzelnen Netzteil.

Wie effizient soll das Netzteil sein?

Netzteil Effizienz für Desktop-Computer und Server bei den Lastpunkten 20%, 50% und 100% sollten einen Wirkungsgrad von mindestens 80% erreichen. Beträgt der Wirkungsgrad beispielsweise 60 Prozent, gehen also 40 Prozent, der aufgenommenen Energie aus der Steckdose, verloren. Dies erhöht den Stromverbrauch und das Netzteil muss aufwendiger und mehr gekühlt werden. Gute Netzteile erreichen einen Wirkungsgrad von 80 Prozent und mehr. Sie lassen sich am 80 Plus Kennzeichen erkennen.

Je höher die Zertifizierung, desto höher ist die Effizienz des Netzteils. 80 Plus ist die wichtigste Zertifizierung. Es gibt zwei wesentliche Kategorien, jeweils unterteilt in die Stufen von Standard bis Titan.

- 80 + Standard
- 80 + Bronze
- 80 + Silber
- 80 + Gold
- 80 + Platin
- 80 + Titan

Wie unterscheiden sich die Netzteile?

Die Baugröße eines Netzteils passt nicht in jedes Gehäuse. Die Hersteller geben die jeweilige Baugröße als Formfaktor an. Beim Kauf eines neuen Netzteils solltest du die Gehäuseabmessungen genau mit denen des Schachts im Gehäuse deines Computers vergleichen.

Anschlüsse und Kabellänge für deine Peripherie-Geräte sollten genügend und ausreichend lang vorhanden sein. Als Minimum gelten zwei PCI Express Anschlüsse (6+2 oder 8 Pin), vier SATA Anschlüsse für Festplatten, SSDs und optische Laufwerke, zwei MOLEX Anschlüsse für ältere Laufwerke, Erweiterungskarten und Adaptern.

In modernen Netzteilen steckt meist ein Lüfter mit großem Durchmesser (120 Millimeter oder mehr) drin. Je kleiner der Lüfter, umso höher ist die Drehzahl. Dadurch hat das Netzteil einen deutlich höheren Geräuschpegel. Temperatursensoren sorgen für eine optimale Drehzahl der Lüfter, um den Geräuschpegel so niedrig wie möglich zu halten. Die einzige Aufgabe der Lüfter besteht darin, Komponenten im Netzteil kühl zu halten und einen Teil der Wärme aus dem Gehäuse abzuführen.

Es müssen einige Hauptkabel an die Netzteilanschlüsse angeschlossen werden:

- 24-polige Stromversorgung des Mainboards (immer erforderlich)
- 4/8-polige EPS12V-Stromversorgung der CPU (immer erforderlich)
- Netzkabel zur Stromversorgung des Systems (immer erforderlich)
- 6/8-polige Stromversorgung der Grafikkarte
- SATA-Stromversorgung für Speichergeräte
- MOLEX-Stromversorgung für Zubehör

Bei nicht modularen Netzteilen sind alle Kabel an das Netzteil angeschlossen und sind nicht immer farbcodiert.

Ohne gutes Kabelmanagement entsteht:

- eine höhere Temperatur im Gehäuse

- schwache Airflow Effizienz,
- es kann einfach ins Gehäuse verbaut werden
- beim Austausch müssen alle Kabel getrennt werden
- niedrige Energieeffizienz
- sind ideal für Einsteiger PCs.

Teilmodular (Semimodular) verfügt das Netzteil über einige, aber nicht alle Kabel, die fest angebracht sind. Hauptkabel wie z. B. 24-polige ATX-Kabel, 8-polige CPU und ein PCI-Express-Kabel an eine Leiterplatte angeschlossen. Ein teilmodulares Netzteil ist eine Mischung aus fest verkabelten und optionalen Kabelsträngen.

- Stabile Temperaturen
- Ordentliche Airflow Effizienz
- mehr Platzverbrauch
- leicht austauschbar
- sind ideal für Mittelklasse PCs.

Es gibt verschieden Arten von teil modularen Netzteilen:

Der 24-Pin Stecker ist vormontiert, während PCIe, 8-Pin-CPU und andere Kabel modular sind.

Die 24-poligen und 8-poligen Kabel sind bereits vorinstalliert, während PCIe- und andere Kabel modular aufgebaut sind.

Die 24-Pin und PCIe-Kabel sind vorinstalliert, während alle anderen modular aufgebaut sind.

Bei voll modularen Netzteilen sind alle Kabel einzeln ansteckbar. Der Vorteil: du hast kein Kabelsalat in der Mitte deines Gehäuses. Da werden nur die Kabel verwendet, die du wirklich benötigst.

- Im Gehäuse bildet sich weniger Staub
- niedrige Temperaturen und somit sind Komponenten langlebiger
- größeres Gehäuse notwendig

- leicht austauschbar
- Hochwertige Konnektoren
- hohe Effizienz
- ideal für Highend Systeme

Was macht ein gutes Netzteil sonst aus?

Wirkungsgrad:

Dieser Wert gibt an, welchen Anteil, der vom Netzteil aufgenommenen Energie, direkt zu den Bauteilen im Computer gelangt. Je schlechter der Wirkungsgrad, desto mehr Leistung in Wärme umgewandelt wird.

Spannungsstabilität:

Netzteile müssen den Computer zuverlässig mit Strom versorgen. Falls die Spannung instabil ist, kann der PC abstürzen. Deshalb werden die Ausgangsspannungen in allen Netzteilen ständig geregelt. Die dabei verwendete Technik verursacht allerdings Netzstörungen. Daher gibt es in allen Netzteilen Netzfilter, die diese Störungen verringern.

Leistungsfaktoren unterscheiden sich in der passiven und aktiven Variante. Wobei sich die letztere aufgrund besserer Effektivität durchgesetzt hat.

Sicherheit:

Ein hochwertiges Netzteil hat diverse Schutzfunktionen. Sie sorgen dafür, dass sich das Netzteil bei Überspannung, Überstrom, Übertemperatur und Kurzschluss so schnell wie möglich abschaltet. Diese Funktionen schützen nicht nur das Netzteil, sondern auch die teuren Bauteile im PC. Das CE-Zeichen müssen alle Netzteile tragen, die in der Europäischen Union verkauft werden. Du darfst ein Netzteil nie aufschrauben.

Denn selbst wenn der Netzstecker gezogen ist, können noch sehr hohe Spannungen in den Kondensatoren des Netzteils gespeichert sein.

Es gibt verschiedene Netzteil Formate
- AT Format (Advanced Technology)
- ATX (Advanced Technology Extended)
- BTX (Balanced Technology Extended)
- EPS (Entry Level Power Supply)
- SFX (Small Form Factor)
- TFX (Thin Format Factor)
- LFX (Low Profile Form Factor)

Auf was du noch achten musst, ist die Ausrichtung der Lüfter. Ob diese nach oben oder nach unten ausgerichtet ist. Wenn du dich für ein nach unten gerichtetem Lüfter entscheidest, macht das nur dann Sinn, wenn an der Unterseite des Gehäuses auch ein Staubfilter angebracht ist, der dafür sorgt, dass der Lüfter nicht dauernd den Staub ansaugt.

Das PC-Netzteil zählt zu den essenziellen Computerbausteinen. Es versorgt mit seinen vielen Anschlüssen alle Komponente mit Strom. Die Watt-Angabe allein ist nicht ausreichend du solltest auch folgendes beachten:
- Genügend Power bereitstellen: Netzteile gibt es je nach Anwendungsbereich in verschiedenen Leistungsklassen. Ab 300 Watt geht es meist los.
- Ausreichend Anschlüsse: Das Modell sollte über genügend Anschlüsse für alle verbauten Komponente (Grafikkarte und Speicher) verfügen.

Das optimale Netzteil ist für Komponentenwechsel gewappnet, bietet also freie Anschlüsse und Leistungsreserven (in Watt).

Du hast alle PC-Komponenten, aber weißt nicht was für ein Netzteil du kaufen sollst? Hiermit kannst du alle Komponente berechnen und das passende Netzteil finden „Netzteil-Kalkulator von be quiet!" das ausschließlich passende Geräte des Herstellers vorschlägt. Der „Kalkulator von Enermax" hat feinere Einstellungsoptionen. Die Watt-Angabe hilft bei der Einschätzung, welches Netzteil für deinen PC vonnöten ist.

Grafikkarte

Der Aufbau einer Grafikkarte

Die Hauptbestandteile einer Grafikkarte sind ihre Platine, der Grafik-chip, bei modernen Karten der Lüfter, Grafikspeicher und die Schnitt-stellen für die Anschlüsse.

Die Platine als eines der größten Bestandteile der Grafikkarte verbin-det alle Chips und Schaltungen miteinander und ist mit der PCIe auch das Verbindungsstück zwischen dem Motherboard und der Grafikkarte über dieses wird die Grafikkarte auch mit dem Bussystem des Motherboards verbunden.

Die Rückplatte (Back Plate) dient lediglich zum Schutz der Platine und zur Stabilisierung und Abdeckung von besagter Rückseite der Pla-tine.

Der Grafikchip als Zentrale Recheneinheit der Grafikkarte, besteht aus Millionen kleinen Verbindungen und mit Hilfe von Grafikkernen (CUDA- Cores Nvidia und AMD mit den ROCr und ROCm Cores) werden diese zu Leistungsstarken Rechenmaschinen.

Die Sogenannten CUDA-Cores sind Hilfe Leister des Grafikchips. Die Abkürzung CUDA steht für Compute Unified Device Architecture. Es handelt sich um eine Schnittstellentechnologie und Computing-Platt-form, mit der sich Grafikprozessoren ansprechen und auch für nicht grafikspezifische Berechnungen nutzen lassen. CUDA wurde von NVI-DIA entwickelt und beschleunigt Programme, indem neben der CPU be-stimmte Programmteile von einer oder mehreren GPUs (Graphics Pro-cessing Unit) parallelisiert bearbeitet werden. Die Lösung von AMD funktioniert ähnlich mit mehr leistungsschwächeren kernen was am Ende ähnliche Ergebnisse erzeugt. Im Vergleich zu einer CPU besteht eine GPU aus einer größeren Anzahl parallel nutzbarer Cores, die eine Vielzahl von Berechnungen gleichzeitig ausführen können.

Der Grafikspeicher ist der Arbeitsspeicher der Grafikkarte. Die Aufgabe des Grafikspeichers ist es Daten im Hintergrund zu verarbeiten was eine Höhere Leistung ermöglicht, wenn mehrere Aufgaben gleichzeitig zu machen sind. Ich würde dir einen Grafikspeicher von mindestens 8 Gigabyte empfehlen somit ist ein Großartiges Spielerlebnis gewährleistet.

Um die Grafikkarte zu Kühlen sitzt wie zuvor beschrieben auf der Platine ein Kühlkörper aus Wärmeleitendem Metall der die Wärme entweder an die Umgebungsluft oder bei Leistungsstärkeren Karten an die Lüfter abgibt, um die Grafikkarte so kühl wie möglich zu halten, dass sie bei Auslastung nicht überhitzt. Wenn eine Grafikkarte zu Heiß wird stürzt, der PC ab oder es kommt ein Blue screen Fehler.

Alternativ wird Heutzutage auch auf Wassergekühlte Grafikkarten gesetzt, dort ist aber der Zeit und Geld Aufwand höher als bei einer Luftkühlung, die meistens schon verbaut mitgeliefert wird.

Die Anschluss Schnittstellen einer Grafikkarte ist die Verbindung zwischen Grafikkarte und Monitor. Diese Schnittstellen haben formende Bezeichnungen: DisplayPort, HDMI und DVI, wobei DisplayPort verwendet wird, um Höhere Auflösungen und Bildwiederholraten übertragen zu können als es bei DVI oder mit HDMI möglich ist.

Um die Grafikkarte mit dem Motherboard zu verbinden, wird ein PCIe Anschluss verwendet. Beim PCIe Slot heißt es so umso länger der Slot desto höher ist die übertragungsrate. Der Schnellste Slot heutzutage ist der 16x mit einer Übertragungsrate von 31,5 Gigabyte pro Sekunde.

Für was nutzen wir Grafikkarten

Die Grafikkarte steuert in einem Computer die Grafik Ausgabe. Bei Ausführung eines Programms berechnet der Prozessor die Daten, leitet diese an die Grafikkarte weiter und die Grafikkarte wandelt die Daten so um, dass der Monitor alles als Bild wiedergeben kann.

Grafikkarten werden entweder als PC-Erweiterungskarten über ein Bussystem wie oben erklärt per PCIe mit der Hauptplatine verbunden oder sind in einem der Komponenten auf der Hauptplatine enthalten, etwa im Chipsatz oder im Prozessor.

Ein Grafikkarten-Prozessor (GPU) ist ein hoch spezialisierter Rechenchip zur Bildaufbereitung und Qualitätsverbesserung. Grafikkarten besitzen um einiges mehr Transistoren als Prozessoren eine RTX 3080 hat 28,3 Milliarden, während ein aktueller Ryzen 7 5800X gerade einmal 4.15 Milliarden Transistoren besitzt.

Im Office-Betrieb sorgt der Grafikchip für flimmerfreie Bilder in jeder Auflösung.

Bei Auslastung durch z.B. Videospielen leistet eine Grafikkarte bei der Berechnung eine bestimmte Abwärme, was Sie am zunehmenden Lüftergeräusch auch hören können.

Aktuelle Karten mit Raytracing (RTX) Chip berechnen bereits hochauflösende Schatten und Reflektion Effekte und verbessern somit in Videospielen die Bildqualität. Sie ermöglicht eine lebensechte Beleuchtung in Computerspielen und animierten 3D-Grafiken und kommt zunehmend als hardwareseitiges Feature in Form von Echtzeit-Raytracing zum Einsatz.

Der eigentliche Nutzen der Grafikkarte ist es, Bilder und Grafiken zu berechnen und eine Anschlussmöglichkeit für Monitore zu bieten. Dennoch kann man sie zu so vielen anderen Dingen nutzen. Zum Beispiel im Ton- und Videoschnitt zum Rendern von YouTube Videos oder im großen Stil bei Filmen (Fun Fact in der Neuen Star Wars Trilogie 7, 8 und 9 wurde Raytracing verwendet für Reflektionen und Schatten).

Grafikkarten werden zum Spielen von Video-Spielen verwendet oder auch zum Berechnen von Code in der Programmierung.

Die Kaufberatung für Grafikkarten

Vor dem Kauf einer Grafikkarte ist es wichtig zu wissen für welchen Zweck du diesen Nutzen möchtest, wenn du einfach nur im Internet Surfen oder Filme Schauen möchtest, reicht ein Office PC (einfacher Arbeits-Rechner) ohne Grafikkarte sprich mit Grafikchip auf der CPU lässt sich später so ein System natürlich auch upgraden, denn in den selbst zusammengestellten Systemen ist immer ein Platz für eine nach-rüstbare Grafikkarte frei.

Solltest du einfache Online-Spiele wie Dota, League of Legends oder Fortnite Spielen, reicht eine Grafikkarte der unteren Mittelklasse. Bei Nvidia wäre das je nach Reihe eine mit 60 am Ende (aktuell RTX 3060) und bei AMD wäre das die 600er Serie (Aktuell RX6600) das sind Soge-nannte max. Settings Full-HD da diese Karten so gut wie alle aktuellen Spiele in Full-HD (1920x1080p) mit den Maximalen Grafischen Einstel-lungen Flüssig mit mindestens 60fps spielen kann.

Bist du ein Richtiger Gamer und spielst grafisch aufwendige Story-Games kann eine Mittelklasse Karte ausreichen, aber wenn es dann Gaming in 4K (3840x2160p) dann solltest du eher auf eine High-end Karte gehen wie die 80er (TI) reihe oder die 90er von Nvidia (aktuell RTX 3080TI oder RTX 3090) oder die 800er und 900er Reihe von AMD (aktuell RX6800XT oder RX6900) damit lässt sich alles in WQHD oder 4k mit mittleren bis hohen grafischen Einstellungen flüssig spielen.

Bist du eher interessiert in Programmierung oder Bild und Ton-schnitt? Dann hast du freie Wahl je nachdem wie aufwendig dein Code oder deine Videos sind, brauchst du mehr oder weniger Leistung, da ist dann die Mitte meine Empfehlung bei Nvidia die 70er Reihe und bei AMD die 700er (aktuell RTX 3070 oder RX6700XT) beim Rendern vom Video oder berechnen von Grafiken in der Programmierung werden eines dieser beiden Karten Ihren Zweck gut erfüllen und sind gleichzeitig noch zum Spielen von grafisch Aufwendiger und Aktueller Video-Spiele.

Zum jetzigen Zeitpunkt ist es leider Sehr zeitaufwendig eine Anständige Karte zu Ihrem eigentlichen Preis zu bekommen auf Grund von erhöhtem Crypto Mining aufkommen sind die Preise der 2. Anbieter gewaltig in die Höhe gestiegen. Beispielsweise ein RTX 3080 wurde ursprünglich für 759 € angeboten nur der jetzige preis Stand Februar 2022 kostet eine 3080 durchschnittlich 1.300 € man sollte Bedacht Wählen bei der Auswahl der Richtigen Grafikkarte.

Ein weiteres Kriterium der Wahl einer Grafikkarte, ist die Auswahl des Herstellers also AMD oder Nvidia.

Kommen wir zuerst zu den Stärken gegenüber des anderen Herstellers Raytracing können zwar alle aktuellen Karten egal ob Nvidia oder AMD, aber Nvidia hat das Raytracing für den einfachen Verbraucher eingeführt und ist auch bemerkbar besser auf diesem Gebiet man merkt die Erfahrung, die Nvidia auf diesem Gebiet hat bei der Architektur geben die Konkurrenten sich nicht viel es ist alles Sehr ähnlich Nvidia nutzt weniger aber Leistungsstärkere Kerne während AMD viele Leistungsschwache verwendet die aber im Endeffekt durch Ihre Anzahl am Ende vergleichbare Leistungen haben. Der einzige größere unterschied ist, dass Nvidia die Karten auch in verschiedenen Grafikspeicher Größen verkauft während AMD ein die Karten mit immer nur einer Größe des Grafikspeichers vertreibt. Zum Beispiel gibt es die RTX 3080 einmal mit 10 Gigabyte und dann noch mit 12 Gigabyte Während es bei AMD die Vergleichbare RX6800XT nur mit 12 Gigabyte verkauft wird.

Also man muss sich entscheiden Besseres Raytracing Erlebnis mit weniger Grafikspeicher (oder wahlweise für Aufpreis Gleicher Grafikspeicher) bei Nvidia oder ein Weniger Gutes Raytracing Erlebnis dafür aber gleich die Höchste Grafikspeicher Option (weil ja bei AMD nur eine Option möglich ist) von der Rechenleistung sind die Karten Sehr ähnlich in Manchen Spielen ist AMD um ein Paar Bilder pro Sekunde besser in anderen Nvidia am Ende liegt es an dir die richtige Wahl zu treffen ein großer Faktor für eine AMD karte wäre der welche CPU du verbauen möchtest.

Wenn es eine CPU von AMD ist, werden CPU und Grafikkarte dank der Smart Access Memory Technologie von AMD so gut zusammen Arbeiten, dass du bis zu 16% Mehr Leistung in Spielen mit der Karte erreichen kannst als mit einer CPU von Intel mit der gleichen Grafikkarte das sollte man berücksichtigen, wenn man eine Karte von AMD haben möchte.

Das macht AMD aber noch lange nicht zur besseren Wahl.

Die Antwort von Nvidia nennt sich DLSS (Deep Learning Super Sampling) Laut Nvidia (Quelle Nvidia Startseite) „NVIDIA DLSS ist eine bahnbrechende KI-Rendering-Technologie, die mit dedizierten Tensor Core-KI-Prozessoren auf GeForce RTX™-GPUs die Grafikleistung erhöht. DLSS nutzt die Leistung eines neuronalen Netzes für Deep Learning, um die Framraten zu steigern und schöne, scharfe Bilder für deine Spiele zu generieren." Somit werden Ohne großen Grafischen Verlust (eher nicht bemerkbar) die Spielleistung verbessert (aus eigenen Erfahrungen je nach spiel um 5 bis 20 FPS).

Festplatten

Speichermedien: ohne sie ist dein PC unbrauchbar. Es gibt viele verschiedene Arten von Massenspeichern in der heutigen Informationstechnik. Deshalb konzentrieren wir uns in diesem Kapitel nur auf die zwei gängigsten Speicher für dein Personal Computer. Die Hard Disk Drive (HDD) und der Solide State Drive (SSD).

Nahezu alle Daten werden auf ihnen gespeichert, dein Betriebssystem, Bilder, Dokumente, Spiele und alle Programme. Sie sind nicht flüchtig und bleiben auch ohne Stromzufuhr, wenn du deinen PC ausschaltest, bestehen.

Wie funktioniert eine HDD?

Eine Festplatte besteht aus mehreren mechanischen und elektronischen Komponenten in einem verschlossenen Metallgehäuse, um sie vor äußeren Einflüssen zu schützen. Auf einer oder mehrerer rotierenden magnetischen Scheiben werden die Daten mithilfe eines Schreiblesekopfes gespeichert. Die Scheiben sind durch eine Halteklammer fest gemacht und voneinander getrennt, zwischen ihnen liegen die Lese-Schreib-Kopf-Arme. Der Lese-Schreib-Kopf funktioniert dabei wie ein kleiner Elektromagnet, mit welchen kleine Bereiche auf der Scheibe magnetisiert werden. Damit lässt sich ein Zustand von Null und Eins abbilden. Der Arm wird mit einem Motor und einer kleinen Platine gesteuert. Auf der Scheibe gibt es Sektoren und Spuren, um die Daten besser einzuteilen und den Schreiblesekopf richtig zu positionieren. Zudem gibt es verschiedene Anschlüsse zur Datenübertragung, die wichtigsten internen Schnittstellen sind SATA, SCSI und NVME.

Wie funktioniert eine SSD?

Der Name Solid State Drive (SSD) ist eigentlich ein Widerspruch, da in ihr überhaupt keine Schiebe oder Laufwerk vorhanden ist. Die Daten werden auf dem Flash-Speicher geschrieben, wie es auch bei USB-Sticks und Speicherkarten der Fall ist. Das heißt, die Informationen werden elektronisch gespeichert. Eine SSD hat zwei wichtige Bauteile, der Controller und die Flash-Speicherblöcke. Der Flash-Speicher oder auch Flash-EEPROM (electrically erasable programmable read only memory), was so viel bedeutet wie nicht flüchtig und elektrisch löschbar, speichert die Informationen in modifizierten Transistoren, einem sogenannten Floating-Gate Transistor (FGMOS). Ein Floating-Gate funktioniert etwa, wie ein normaler Transistor, mit dem sich zwei Zustände, nämlich Null und Eins darstellen lassen. Nur mit dem Unterschied, dass man mit dem Floating-Gate Transistoren sperren oder öffnen kann. Damit kann man ein Bit speichern, deshalb ist er eine SLC (single-level-cell). Es gibt noch andere Arten wie MLC, mit welchen das Floating-Gate mehr als zwei Ladungszustände einnehmen kann. Bis zu 4 Bits lassen sich auf Kosten der Geschwindigkeit dann speichern. Die einzelnen Transistoren werden in Reihe zusammengeschaltet und zu einem NAND-Flash. Welche dann einen Flash-Speicherchip bilden, von denen es abhängig von der SSD eine verschieden große Anzahl ergibt. Neben den Flash-Chips spielt der Controller noch eine wichtige Rolle in einer SSD. Der Controller ist ein kleiner Mikroprozessor, der die Daten auf die Zellen verteilt und speichert. Er muss sie auch wiederfinden und lesen können. Zudem gibt es weitere Technologien wie das Wear-Leveling und S.M.A.R.T, welche die Haltbarkeit und die Geschwindigkeit der SSD verbessern, um die sich der Controller kümmern muss. Angeschlossen wird eine herkömmliche SSD wie eine HDD mit SATA II/III. Es gibt aber auch NVME SSDs, die man an den Grafikartenslot PCIe anschließt oder die M.2 SSD mit einem eigenen Steckplatz auf dem Mainboard.

Diese SSDs sind sehr klein und sind im Vergleich zu herkömmlichen SATA oder PCIE SSDs etwas teurer, da sie schnell und effizient sind. Nachteil hiervon sind höhere Temperaturen und höhere Kosten. Zum Vorteil spart man viel Platz beim Einbauen deines Rechners, da keine Kabel benötigt werden. Viele Mainboards bieten eine integrierte Kühlung, die für die NVME SSD gedacht ist. Falls kein „Heatsink" (ein Aluminiumkühlkörper) vorhanden ist, kannst du dir eins dazu bestellen, falls du dich für diese Art von SSD entscheidest. Der Kühlkörper wird mit einer vormontierten doppelseitigen Klebeschicht mitgeliefert, den du auf die NVME SSD obendrauf befestigst. Der Vorgang ist simple und sollte bei den meisten Heatsinks mit Bildern mitgeliefert werden. Ein Beispiel für die gängigsten Größen wäre: 256 GB, 512 GB, 1 TB und 2 TB. Falls du es so leicht wie möglich haben möchtest, kannst du dir eine 1 TB NVME SSD von bekannten Marken wie Samsung, Crucial, Kingston, Western Digital, ADATA und diverse weitere Firmen kaufen. Das sollte dir für die meisten Verwendungszwecke genügend Speicher bieten.

Worauf musst du jetzt beim Kauf achten und was kommt für deinen PC infrage?

Das ist davon abhängig, was für einen PC du dir zusammenstellen möchtest. Da beide Speicherarten ihre individuellen Vor- und Nachteile haben und sich für verschiedene Situationen besser anbieten. Fangen wir mit den Vorteilen einer SSD an. SSDs sind moderner als HDDs, die es schon seit 1956 gibt. Da SSDs keine mechanischen Teile besitzen, macht sie das lautlos und stromsparend, weil kein Motor betrieben werden muss. Hinzu kommt, dass sie viel kleiner und mobiler als HDDs sind, was sich besser zum Einbau in das Gehäuse, wie zum Transport macht. Auch zu erwähnen ist die Robustheit einer SSD, sie ist stoßfest und sollte auch problemlos einen Fall auf den Boden überstehen. Durch den geringen Stromverbrauch bleibt sie sehr kühl. Nun aber zu dem wohl größten Vorteil einer SSD, ihre Geschwindigkeit. Die Datenrate ist ca. dreimal so schnell wie bei einer HDD, z.b. 500 MB/s und eine 23-mal kleinere Zugriffszeit, z. B. 0,3 ms. M.2 SSDs schaffen sogar 6000 MB/s Lese und Schreibgeschwindigkeit. Aber nun zu den Nachteilen einer SSD. Vergleichsweise zur einer HHD ist eine SSD viel teurer was den Preis pro GB angeht. Der wohl größte Nachteil einer SSD ist ihre Haltbarkeit. Da die Flash-Zellen eine ziemlich hohe Spannung verwenden, nutzt sich die Isolator Schicht des Floating-Gates beim Schreiben und Löschen jedes Mal ab, bis die Speicherzelle keine Informationen mehr behalten kann. Aber dieser Effekt dritt nur beim Schreiben und Löschen und nicht beim Lesen auf. Der Effekt wird „ednurnce" genannt und wird in der Anzahl der Löschvorgänge angegeben wird. Bei herkömmlichen SSDs liegt er ca. bei 3.000 - 100.000 Vorgängen.

Kommen wir so zu den Vor-und-Nachteilen einer HDD.

Ein großer Vorteil der HDD ist wohl die höhere Speicherkapazität und der vergleichbar günstige Preis pro GB. 20 TB sind kein Problem für einen Preis, bei dem man bei einer SSD keine 2 TB bekommt. Mit einer Haltbarkeit, die stark von den äußerlichen Begebenheiten abhängt, hat sie keine begrenzten Lese-und-Schreibzyklen. Natürlich hat die HDD auch ihre Nachteile, wie der hohe Strombedarf für die mechanischen Teile, welche wiederum für mehr Hitze sorgen. Außerdem erzeugen die drehenden Platten und der Lesekopf Geräusche und Vibrationen während des Betriebs. Hinzu kommt die sperrige und eingeschränkte Bauweise, die viel Platz wegnimmt. Deswegen ist sie auch anfälliger auf

Stöße und Erschütterungen, was zu Datenverlust oder kompletter Zerstörung der Festplatte führen kann.

In der Regel sollte man sich heutzutage eine SSD als Basis für das Betriebssystem zulegen, welche nicht allzu groß ist, um die Kosten gering und die Geschwindigkeit hochzuhalten. Dann kommt es auf die Nutzung des PCs an, wenn du zum Beispiel große Mengen an Daten hast, welche nicht oft bewegt oder gebraucht werden, wie bei Backups und alten Familienfotos, lohnt es sich eine HDD extra zu kaufen. Bei anderen Anwendungen, welche schnell gehen sollen, wie aufwendige Programme und Spiele, ist eine SSD effektiver.

Als Alternative kannst du eine kleine 256 GB NVME SSD für dein Betriebssystem nehmen, und eine große 4 TB HDD für mehr Speicher kaufen. Somit sparst du einiges an Kosten, die auf dich zukommen könnten.

Verkabelung

Im Allgemeinen ist das Thema Verkabelung recht simpel. Das Anschließen der Kabel wird uns hier leicht gemacht, denn die meisten Kabelstecker und -anschlüsse sind asymmetrisch geformt und können deswegen nicht verkehrt herum eingesteckt werden. Zusätzlich sind die Kabel beim Kauf der PC-Teile schon mit dabei und müssen nur bei besonderen Bedürfnissen nachgekauft werden, dazu aber später mehr.

Warum ist Verkabelung so wichtig?

Komponenten brauchen Strom:
Damit jede Einzelkomponente im PC funktionieren kann, muss sie mit Strom einer bestimmten Spannung versorgt werden. Diesen Strom bekommt sie entweder über die Kabel des Netzteils (PSU), oder direkt über den entsprechenden Steckplatz (wie z. B. der RAM-Riegel , dieser steckt komplett auf dem Mainboard und braucht deswegen auch kein zusätzliches Stromkabel).

Komponenten müssen miteinander kommunizieren:
Damit jede Komponente im PC weiß, was sie machen soll, braucht es eine Verbindung um mit anderen Komponenten zu 'reden' - also Kommunikation! Wir verbinden das Mainboard als zentralen Knotenpunkt mit allen anderen Komponenten im PC. Hier kommen alle Verbindungskabel zusammen und jedes Kabel hat dort seinen eigenen Steckplatz.

Worauf kannst du achten?

Eine gute Verkabelung wird erleichtert, wenn man auf folgende Punkte achtet:

- Ein Gehäuse mit genügend Raum in der Seitenwand, um dort Kabel leichter zu verstecken.
- Ein Netzteil (PSU) mit modularem Kabelmanagement. Dort müssen nur die Kabel angeschlossen werden, die auch wirklich notwendig sind.
- SATA-Kabel gibt es in unterschiedlich gewinkelten Steckern (Bild 5). Wir orientieren uns hier an der Position des Mainboard- und Festplatten-SATA-Anschlusses, mehr dazu beim Zusammenbau.
- Das Netzteil muss genug PCI-Stecker zur Verfügung haben, um die Grafikkarte zu versorgen.
- Diese kann bis zu 3 x 8-PIN-PCI Anschlüsse haben, die alle versorgt werden müssen, also mit 3 8-PIN-PCI Kabeln.
- Beim Zusammenbauen kannst du die Kabel mit Klettband oder Kabelschläuchen bündeln und fixieren. So verhinderst du, dass lose Kabel in die Nähe des Lüfters kommen oder zwischen anderen Teilen eingeklemmt werden.

Welche Kabelanschlüsse gibt es?

Die Kabel werden im Allgemeinen nach ihren Anschlüssen/Steckern benannt. So wird zum Beispiel das Kabel mit USB-Anschluss auch USB-Kabel genannt.

Von Netzteil zu:

- Festplatten SATA Stromkabel (Bild 1)
- Laufwerke SATA Stromkabel (Bild 1)
- GPU 6/8 PCI-Kabel (Bild 2)
- Mainboard über 24 PIN-ATX-Kabel (Bild 3) und 8 PIN-EPS-Kabel (Bild 4)

Bild 2

Bild 3

Bild 4

Bild 1

Von Mainboard zu:

- Festplatten SATA Kabel (Bild 5)
- Laufwerke SATA Kabel (Bild 5)
- Gehäuse USB USB 3-Stecker (19 Pins) (Bild 6, links), USB 2-Stecker (9 Pins) (Bild 6, rechts)
- Lüfter mit 2/3/4 Pin-Kabel (Bild 7)

Bild 5   Bild 6   Bild 7

Tipp:

Falls du eine Festplatte mit dem Formfaktor M.2 verwendest, brauchst du dafür keine Kabel. Diese wird direkt aufs Mainboard gesteckt.

Das Thema Monitorkabel wird im Kapitel Monitore bzw. Peripherie ausführlich erklärt.

Zusammenbau

Schritt 0 Vorbereitung:

Du hast deine Komponenten rausgesucht, alles ist bereit, da will man natürlich sofort loslegen, aber vorher sollten wir noch unseren Arbeitsplatz vorbereiten. Alles vom Tisch räumen, Fläche auf der man den PC zusammenbaut mit etwas Weichem auslegen, damit man nichts von den PC-Teilen zerkratzt. Als nächstes ist die Erdung zu beachten, da der Körper meistens statisch aufgeladen ist und falls man statisch aufgeladen die PC-Teile berührt, könnten diese evtl. kaputt gehen. Um statische Aufladung zu vermeiden kann man z. B. ein Erdungsarmband benutzen, wenn man so etwas nicht besitzt, reicht es auch aus ein unlackiertes Stück von einer Heizung zu berühren. Allerdings ist zu beachten, dass man danach nicht mehr mit Socken über den Teppichboden läuft oder die Katze/den Hund streichelt. Außerdem braucht man ausreichend Werkzeug wie z. B. ein paar Schraubenzieher, Kabelbinder, Klettverschlüsse, Seitenschneider und eventuell eine kleine Schale als Ablage für die Schrauben.

Schritt 1 CPU einsetzen:

Als erstes packen wir unser Mainboard aus, meistens ist unter dem Mainboard eine Schaumstoffmatte, diese kann man dort lassen, dann ist die Unterseite des Mainboards vor Kratzern oder ähnlichen Schäden gesichert. Was man als erstes tun muss, ist den Entsicherungsarm zu lösen. Als nächstes nehmt ihr eure CPU, die ihr nur an den Seiten anfassen dürft. Falls du dich für eine AMD CPU entschieden hast, pass bitte auf die Pins auf, die sich auf der Rückseite der CPU befinden, denn diese sind sehr empfindlich. Auf einer Intel CPU ist dies nicht der Fall (trotzdem sollte man auch eine Intel CPU mit Vorsicht behandeln).

An jeder CPU ist an einer Ecke eine Kennzeichnung, dieselbe Kennzeichnung gibt es auch auf dem Mainboard. Mit den übereinstimmenden Kennzeichnungen in einer Ecke wird die CPU leicht in den Sockel eingesetzt und um sicher zu gehen, dass sie fest im Sockel sitzt, verschließen wir den Entriegelungsarm wieder.

Schritt 2 Prozessorkühler einbauen:

Wir können dir in diesem Buch nicht jede Kühlerart zeigen, aber vertretend zeigen wir den Boxed Kühler und die AIO (All in one Wasserkühlung). Fangen wir mit dem Boxed Kühler an, dieser ist einfach zu verbauen, da die Thermalpaste schon angebracht ist. Das bedeutet, dass du den Kühler ohne viel Vorbereitung einbauen kannst. Luftkühler sind im Allgemeinen sehr kompakt gebaut, deshalb empfehlen wir dir den Kühler einzubauen, während das Mainboard noch nicht im Gehäuse ist. Die AIO wird bei Schritt 7 thematisiert da es besser wäre sie zu verbauen, wenn das Mainboard im Case ist. Bevor man den Boxed Kühler montieren kann, muss man bei einer AMD CPU am Mainboard die Brackets neben der CPU abschrauben, bei Intel CPUs muss man das nicht machen. Die Brackets sind auf der Rückseite des Mainboards, dort ist außerdem eine Backplate, die lasst ihr natürlich drauf. Schaut, dass die Backplate richtig sitzt und die Gewinde übereinstimmen. Zur Orientierung des Boxed Kühlers gibt es meist eine klein Auswölbung, diese soll möglichst weg vom RAM gucken, da diese Auswölbung der RAM im Weg sein könnte. Ansonsten gibt es nur 4 Schrauben an dem Kühler, diese über die Gewinde der Backplate setzen, kurz am Lüfter wackeln, um zu überprüfen, ob der Lüfter richtig sitzt und jetzt nur noch die 4 Schrauben fest drehen. Zuletzt nehmt ihr euren 4 Pin-Anschluss vom Lüfter und steckt ihn auf das Mainboard. Wichtig ist, der CPU-Lüfter hat auf dem Mainboard einen eigenen Anschluss, der meistens CPU FAN1 heißt. Wenn ihr den Anschluss nicht findet, gibt es meist bei der Anleitung vom Mainboard ein Layout mit allen Anschlüssen. Zu der AIO Kühlung kommen wir, wenn das Mainboard im Gehäuse ist.

Schritt 3 Arbeitsspeicher (RAM) verbauen:

Als nächstes werden wir den Arbeitsspeicher verbauen, wobei verbauen so technisch klingt, denn der RAM wird nur gesteckt. Wie auf den aktuell meisten Mainboards benutzt du DDR4 RAM, wenn du jetzt mehr als ein RAM Riegel verbauen willst (und das solltest du, um die volle Geschwindigkeit zu erhalten), solltest du dir überlegen, welche Slots du belegen willst. Im Regelfall wird der 1 und der 3 Slot belegt, wenn du aber nur 2 Slots auf dem Mainboard hast, dann 1 und 2, wenn du aber ganz sicher gehen willst, schau in die Anleitung deines Maiboards. Öffne die Entriegelung an beiden Enden der RAM Steckplätze, dann nehmen wir unseren RAM, bitte darauf achten, dass der Arbeitsspeicher eine lange Seite, eine kurze Seite und eine Kerbe ungefähr in der Mitte hat, daran kannst du dich orientieren, um sie korrekt einzusetzen. Wir nehmen also unseren RAM, stecken zuerst die kurze Seite ein und dann die lange Seite, das wars schon und das kann man für beliebig viele RAM Riegel wiederholen.

Schritt 4 M.2 SSD einsetzen:

Wenn du dich für eine M.2 SSD entschieden hast, ist jetzt der Zeitpunkt diese zu verbauen, da das Mainboard noch vor euch liegt. Was braucht ihr für den Einbau? Natürlich die M.2 SSD selbst. Auf dem Mainboard oder in dem Karton vom Mainboard ist eine kleine Halterungsschraube, die man zur Befestigung der M.2 SSD benötigt. Wenn du ein Mainboard hast mit mehr als einem M.2 Slot, dann empfiehlt sich auch hier wieder in die Anleitung des Mainboards zu schauen, welcher der

Hauptanschluss ist und welcher die volle Geschwindigkeit ausgibt. Je nach Typ hat deine M.2 eine oder zwei Kerben, außerdem hilft es zur Orientierung, dass die Aufkleber auf der M.2 nach oben zeigen. Der Einbau ist sehr einfach. Du musst dich an den Kerben orientieren, reinstecken, runterdrücken und festschrauben.

Schritt 5 Gehäuse vorbereiten:

Jedes Gehäuse ist anders, deshalb empfiehlt sich hier besonders mal ein Blick in die Aufbauanleitung des Herstellers zu werfen. Bevor du irgendetwas ins Gehäuse einbauen kannst, musst du zunächst die Seitenteile entfernen. Häufig benötigt man dafür nicht einmal einen Schraubendreher. Im Inneren des Gehäuses sollte sich eine kleine Schachtel mit allen benötigten Kleinteilen befinden. In der Regel lässt sich ein Gehäuse in zwei Abschnitte einteilen. Es gibt einen größeren Raum, in dem später die Komponenten sitzen und einen kleineren, in dem auf Wunsch die anfallenden Kabel versteckt werden können. Die erste Komponente, die du in deinen neuen PC bauen wirst, ist das Mainboard. Hierbei gilt es, die kleinen, schwarzen Abstandshalter zu beachten. In einigen Gehäusen sind diese bereits montiert, in anderen hingegen nicht. Anzahl und Position dieser Abstandshalter hängen immer vom verwendeten Mainboard ab. Es lohnt sich hier genauer hinzuschauen. Im Gehäuse ist deshalb auch eine Legende angebracht, in der man nachschauen kann, welche Löcher zu welchem Formfaktor gehören. Nutzt du also ein Mainboard mit dem Formfaktor Micro ATX, sollte auch in jedem Loch, das als Micro ATX gekennzeichnet ist ein Abstandshalter stecken. Achte darauf, dass du beim Eindrehen der Abstandshalter nicht zu viel Kraft aufwendest. Am besten montierst du sie also per Hand und nicht mithilfe eines Schraubendrehers, damit das Gewinde nicht kaputt geht.

Schritt 6 Mainboard verbauen

Im Lieferumfang des Mainboards befindet sich ein so genanntes I/O-Shield, welches dort am Gehäuse angebracht werden muss, wo die Anschlüsse des Mainboards später nach außen ragen. Dieses muss zunächst von innen in die Aussparung des Gehäuses eingekippt werden. (Hinweis: Bei manchen Modellen ist das I/O-Schild bereits vorab am Mainboard montiert). Anschließend setzt du das Mainboard so in das Gehäuse ein, dass die Abstandshalter mit den Schraubpunkten des Mainboards übereinstimmen und die Anschlüsse richtig im I/O-Shield sitzen, ohne dass etwas verdeckt ist. Letztlich muss das Board nur noch mit den beiliegenden Schrauben befestigt werden. Auch hier gilt: nicht zu viel Kraft aufwenden und darauf achten, dass man nicht aus Versehen die Platine zerkratzt – in der Ruhe liegt die Kraft.

Schritt 7 AIO (alternativ)

Jetzt wäre der perfekte Zeitpunkt, um die AIO zu verbauen. Als Allererstes, solang die Wasserkühlung noch nicht eingebaut ist, muss natürlich der Lüfter montiert werden, das heißt AIO ist ein geschlossenes System, welches schon mit Kühlflüssigkeit befüllt ist. Die AIO könnte ähnlich wie ein Luftkühler verbaut werden, allerdings ist sie ein bisschen anspruchsvoller als ein normaler CPU-Lüfter.

- Lüfter auf dem Radiator montieren
- Im Gehäuse platzieren, variiert mit den verschiedenen Gehäusen
- Radiator mit dem Gehäuse verschrauben
- CPU mit Thermalpaste bestücken, falls nicht schon auf dem Wasserblock vorhanden
- Folie vom Wasserblock entfernen

- Über die CPU ansetzen, nachschauen das die Gewinde übereinstimmen
- Schrauben handfest verschrauben
- Lüfterkabel vom Radiator in CPU Optional stecken
- Wasserblock Kabel in CPU Fan1 Stecken

Schritt 8 Festplatten und SSD

Festplatten und SSDs können im Gehäuse, je nach Modell, an den unterschiedlichsten Orten angebracht werden. Häufig sind im Gehäuse eine oder mehrere Festplattenschächte vorhanden, in denen die Festplatten lediglich eingeschoben und dann mit Schrauben befestigt werden müssen. Aber Achtung: in den meisten Fällen sind die Anschlüsse in Richtung Mainboard gerichtet, also die Seite, wo weniger Platz ist und letztlich die ganzen Kabel landen. Der Einbau einer SSD ist ähnlich einfach. Diese kann nämlich direkt am Gehäuse befestigt werden und benötigt keinen extra „Schacht". Ein Blick in die Anleitung des Gehäuses verrät dir, wo der richtige Ort für die Montage ist.

Schritt 9 Grafikkarte

Die GPU wird an einem PCIe-Anschluss am Mainboard angebracht. Falls dein Mainboard über mehrere PCIe-Slots verfügt, lohnt sich hier wieder ein Blick in die Anleitung, um zu schauen, welcher davon die komplette Geschwindigkeit unterstützt (normalerweise ist es der obere Slot). Bevor die Grafikkarte nun in den freien Slot geschoben werden kann, müssen zunächst die Blenden am Gehäuse entfernt werden. Je nach Größe der Grafikkarte musst du eine, zwei oder auch drei Abdeckungen entfernen. Nicht wundern: Oftmals müssen die Abdeckungen aus dem Gehäuse „herausgebrochen" werden. Anschließend den PCIe-Slot entriegeln, ähnlich wie beim Arbeitsspeicher, die Grafikkarte reinstecken und mit etwas Druck fixieren, bis sie einrastet. Sobald die GPU steckt, wird sie entweder mit ein paar Schrauben oder mit einem beiliegenden Bracket befestigt.

Schritt 10 Netzteil

Das Netzteil ist dazu da, um die restlichen Komponenten mit ausreichend Strom zu versorgen. Der Einbau verläuft dabei unkompliziert. Du musst dir nur Gedanken darüber machen, ob der Lüfter des Netzteils nach oben oder nach unten zeigen soll. Ein nach unten gerichteter Lüfter macht aber eigentlich nur Sinn, wenn an der Unterseite des Gehäuses auch ein Staubfilter angebracht ist, der dafür sorgt, dass der Lüfter nicht dauernd den Staub ansaugt. In der Regel wird das Netzteil unten im Gehäuse angebracht. Dort muss es lediglich eingeschoben und anschließend mit vier Schrauben befestigt werden. Eventuell liegt dem Gehäuse aber auch eine entsprechende Netzteil-Halterung bei. Dann muss die Halterung zunächst am Netzteil befestigt werden, bevor beides im Gehäuse untergebracht wird.

Schritt 11 Verkabeln

Hier kann es ein wenig komplizierter werden, besonders wenn man viel Wert auf eine ansprechende Optik legt. Hinweis: Alle Kabel sind, sofern es notwendig ist, genormt und können nicht falsch eingesteckt werden. Sollte also etwas nicht passen, nicht mit viel Kraft an die Sache rangehen, sondern lieber einmal schauen, ob es wirklich der richtige Anschluss ist! Zunächst solltest du das Frontpanel deines Gehäuses mit dem Mainboard verbinden. Die nötigen Anschlüsse befinden sich meist am unteren Rand des Mainboards. Als nächstes widmest du dich dem Netzteil und verkabelst die CPU. Passenderweise haben viele Gehäuse schon ein kleines Loch (meist rechts oben) durch welches das Kabel geführt werden kann. Dann ist das Mainboard an der Reihe, mit dem großen 24-PIN-Stecker. Die nötigen Anschlüsse liegen meist an der rechten Seite des Mainboards. Letztlich noch die SSD (SATA) und die Grafikkarte (PCIe) mit dem Netzteil verbinden. Hängen alle Komponenten am Netzteil, müssen anschließend noch SSD und Lüfter am Mainboard angeschlossen werden. Denk dran: Kabelbinder und Klettverschluss sind deine besten Freunde, wenn du die Kabel ordentlich im Gehäuse verstecken möchtest.

Schritt 12 PC an Strom anschließen

Dies wird der einfachste und nervigste Schritt in diesem Buch sein. In diesem Schritt schließt du den PC an den Strom an und schaltest deinen PC an, mit diesem Schritt beginnt auch die Fehlerdiagnose. Dazu kann ich leider nur auf die Anleitungen hinweisen, in denen genau beschrieben wird, was nicht funktioniert. Meistens kannst du alle Kabel überprüfen, ob diese richtig gesteckt sind und richtig sitzen. Ansonsten kann man auch den RAM und die GPU `reseaten` (raus und erneut einstecken).

Schritt 13 Bios

Du kannst ins Bios schauen und es auf deine Bedürfnisse anpassen. Zuallererst solltest du schauen, ob die Festplatte/SSD erkannt wird, schauen, ob da irgendwo IDE oder AHCI steht (sollte AHCI oder SATA sein), dann schauen, ob Prozessor und Speicher richtig erkannt werden oder ob da was eingestellt werden muss. Dann die Bootreihenfolge anschauen, evtl. auf zuerst CD/USB, dann Festplatte ändern. Installationsmedium rein (Windows-CD/Stick). Speichern, Neustart, zugucken, ob alles passt. Wie du dich im Bios navigierst, erfährt du auch noch in Kapitel 12.

Schritt 14 Windows installieren

Der Optimalfall: Du hast eine Windows Installations-CD und den dazugehörigen Produktschlüssel zur Hand? Dann ist die Installation kinderleicht. Einfach die CD ins Laufwerk einlegen und die Installation startet von selbst.

Die Alternative: Wenn du keine Installations-CD hast, benötigst du einen mindestens 8 GByte großen USB-Stick und einen weiteren PC mit Internetzugang. Zunächst lädst du dir das kostenlose Media Creation Tool von Windows herunter und bereitest das System schon einmal auf dem USB-Stick vor. Anschließend den Stick in einen freien USB-Port deines neuen PCs stecken, den PC starten und die Installation beginnt automatisch. Hinweis: Wenn du in deinem PC mehrere Festplatten verbaut hast, solltest du Windows auf der schnelleren SSD installieren.

Anschlüsse

Dieses Kapitel befasst sich mit allen gängigen Peripherieanschlüssen, die sich außen an einem Computer befinden können.

VGA - Video Graphics Array

VGA steht für Video Graphics Array, die Schnittstelle wurde 1987 von IBM eingeführt. Sie überträgt ausschließlich analoge Bildsignale von z. B. der Grafikkarte an einen Monitor. Um Ton abspielen zu können müssen zusätzliche Lautsprecher mit dem Computer verbunden werden. In der Regel sollte eine Verbindung über VGA für 1920 x 1080 Pixel, also Full-HD, reichen. Es kann aber auch zu Abstufungen, auf 1280 x 720 Pixel, kommen. Die Stecker des Kabels werden mithilfe von zwei Schrauben befestigt. Die Schnittstelle ist veraltet und wird bei neuen Geräten nicht mehr verbaut.

DVI - Digital Video Interface

Digital Video-Interface – heißt übersetzt, es handelt sich um die Übertragung eines digitalen Bildsignals. DVI ist nebenbei auch mit HDMI und analogen Bildsignalen kompatibel. Allerdings überträgt DVI genauso wie VGA keinen Ton. Auch diese Schnittstelle ist veraltet und wird nicht mehr verbaut.

HDMI - High Definition Multimedia Interface

HDMI hat sich bis heute als Standard in der EDV etabliert – und das aus gutem Grund. High Definition Multimedia Interface, kurz HDMI genannt, bietet eine breite Palette an Auflösungen für den Monitor. Als Übertragungsmedium bietet HDMI die Übertragung von Video- und Audiosignal. Noch heute wird HDMI stetig weiterentwickelt, so unterstützen aktuelle Versionen wie HDMI 2.0 Auflösungen von bis zu 4K UHD, HDMI 2.1 sogar bis zu 10K.

DisplayPort

Gerade im Gaming-Bereich ist eine hohe, latenzfreie Bildübertragung vonnöten. Hier kommt DisplayPort ins Spiel, da dieses Übertragungsmedium problemlos Bilder mit einer Wiederholungsfrequenz von 144 Hz und mehr darstellen kann. Dies wird mehr und mehr zu einem essenziellen Bestandteil im Gaming-Segment, umso praktischer ist es, dass DisplayPort standardmäßig in den meisten Monitoren verbaut ist.

Thunderbolt

Thunderbolt 4 wurden im Januar 2020 von Intel angekündigt. Die Schnittstelle muss, um eine Zertifizierung zu erhalten, eine Mindest-Übertragungsgeschwindigkeit von 40 Gbit pro Sekunde aufweisen. Außerdem ist entweder ein 8K-Signal oder zwei 4K-Signale gleichzeitig zu übertragen, um nur zwei von den nötigen Punkten zu nennen.

USB-C

USB-C oder auch USB-Type C, ist ein modernes, universelles Kabelmedium. Entwickelt im Jahr 2014 und genormt im Jahr 2016, bietet USB-C eine Menge an Funktionen, die den Vorgänger übertreffen, darunter eine sehr schnelle Datenübertragung, Audio- und Videoübertragung, Ladefunktion und mehr. Auch ein Quality-of-Life-Aspekt ist die Verbesserung der Anschlussbuchse. Diese kann im Vergleich zum Vorgänger in beliebiger Ausrichtung angeschlossen werden.

Monitore und die Frage nach dem Bild

Wer einen Computer hat, der sollte nicht ganz ohne Bild sein. Erschreckend hierbei sind die vielen Auswahlmöglichkeiten, denn diese scheinen auf dem ersten Blick unzählig zu sein. Doch am Ende sind die eigentlichen Kernfaktoren auf der Hand ablesbar, der Rest ist für den Endverbraucher in den meisten Fällen rein optional.

LCD - Liquid Crystal Display

In einem LCD Monitor (Liquid Crystal Display) befinden sich Flüssigkristalle, diese beeinflussen die Polarisationsrichtung von Licht. Diese besagten Polarisationsrichtungen können mithilfe von unterschiedlich anliegenden Spannungen beeinflusst werden. Die gängigsten Paneltechnologien haben wir dir hier einmal aufgelistet:

IPS - In-Plane-Switching

Durch die Anordnung der im Monitor verbauten Flüssigkristalle, bietet IPS ein sattes und klares Farbspektrum, kombiniert mit einem hohen Betrachtungswinkel, wodurch die Bildqualität immer erhalten bleibt. Diese Technologie bietet in der Regel die besten Bilder mit sehr guter Farbtreue, jedoch sind die Anschaffungskosten meist höher als andere Technologien.

VA - Vertical Alignement

Bei dieser Technologie sind die Flüssigkristalle vertikal angeordnet. Diese positionieren sich mit angelegter Spannung in horizontaler Richtung und beeinflussen so die Lichtdurchlässigkeit. Das hat den Vorteil, dass bei diesem Panel sehr gute Schwarzwerte erreicht werden, da überhaupt kein Licht durchgelassen wird. Man spricht hier von echten Schwarzwerten.

TN - Twisted Nematic

Diese Technologie besitzt winzige, stäbchenförmige Flüssigkristalle, welche mithilfe von LED-Technologie beleuchtet werden. Bei anliegender Spannung gehen diese Kristalle in die Tiefe und lassen weniger Lichtverhältnisse zu. Daraus resultieren gute Schwarzwerte, jedoch sind diese gegenüber der VA-Technologie unterlegen.

LED - Light Emitting Diod

LED Displays - Light Emitting Diode (auf Deutsch: Leuchtdiode) – bestehen aus vielen Leuchtdioden. Bei dieser Bildschirmtechnologie werden die Prinzipien der additiven Farbmischung genutzt. Das bedeutet, dass basierend auf den drei Grundfarben Rot, Grün und Blau, alle sichtbaren Farben gemischt werden können. Durch die gesteuerte Lichtstärke der einzelnen LEDs, bilden die Leuchtdioden dann ein Bild auf dem Display ab.

OLED - Organic Light Emitting Diodes

Für OLED (Organic Light Emitting Diodes) Monitore werden organische Leuchtdioden verwendet. Diese haben eine geringere Lebensdauer und Lichtausbeute als gewöhnliche LED-Bildschirme. Jedoch wird keine externe Hintergrundbeleuchtung benötigt, was eine geringere Bautiefe zu Folge hat.

BIOS/UEFI und Inbetriebnahme

Wenn man auf Wikipedia das Wort BIOS nachschlägt, treten die kompliziertesten Begriffe schon im ersten Satz auf wie „Nichtflüchtiger Speicher", „Hauptplatine" oder „IBM-PC-kompatibel".

Um einen Durchblick durch diese fremdartigen Wörter zu schaffen, sollte man lieber dem Kapitel folgen.

BIOS, was bedeutet das?

Es steht im Englischen für das „Basic Input/Output System", es ist die Brücke zwischen der CPU und Software.

Das BIOS befindet sich in einem kleinen, separaten Speicherchip auf dem Motherboard. Dort ist es als Firmware abgespeichert. Firmware ist eine spezielle Form von Software. Diese ist auf einem Gerät von Anfang an gespeichert und versorgt dieses mit grundlegenden Funktionen, wie zum Beispiel der Kommunikation zwischen Geräten.

Anders als der Arbeitsspeicher, der nach jedem runterfahren geleert wird, bleibt das BIOS auch nach dem Ausschalten eines Computers auf dem Motherboard, deshalb auch „nichtflüchtiger Speicher."

Aber was kann das BIOS denn noch so alles?

Die Hauptaufgabe eines BIOS ist es, das Betriebssystem in den Hauptspeicher des Computers zu laden. Allerdings hat es im Laufe der Zeit auch andere Aufgaben bekommen. So kommuniziert es auch mit der Tastatur und auch mit anderen Geräten wie Bildschirmen.

Das BIOS hat auch die Aufgabe, Geräte wie Bildschirme, Mäuse und USB-Sticks zu erkennen. Es ist die erste Anlaufstelle für diese Geräte, bevor sie mit dem Rest des Computers interagieren können.

Nach dem Einschalten des Computers führt das BIOS zuerst einmal einen Selbsttest für die wichtigsten Komponenten des Computers durch. Diesen Test nennt man POST (Power on Self Test).

Anschließend durchläuft das BIOS weitere Startroutinen und gibt die Kontrolle weiter an das Betriebssystem.

Damit das BIOS weiß, wie es mit bestimmter Hardware umgeht, muss es zuerst eingestellt werden. Dies wird im BIOS- Setup Menü durchgeführt.

Dort lässt sich zum Beispiel Einstellen, von welcher Festplatte das Betriebssystem gestartet werden soll oder auch erweiterte Einstellungen z.B. wie viel Strom die einzelne Komponente bekommen sollen.

Das BIOS ist allerdings eine sehr alte Firmware, sie gibt es schon seit 1980.

Um mit immer neueren Rechnern mithalten zu können, wurde das BIOS weiterentwickelt. Den Nachfolger nennt man UEFI was für Unified Extensible Firmware Interface steht.

Genaugenommen ist UEFI nicht wie BIOS eine Firmware, sondern mehr ein Bauplan, der besagt wie so eine Firmware auszusehen hat. UEFI ist schneller und sehr viel flexibler.

Es bietet zudem noch Möglichkeiten für Auswertungen von verschiedenen Komponenten, um zum Beispiel die Schreibgeschwindigkeit einer Festplatte zu testen.

UEFI wird als einfachere Nutzeroberfläche betrachtet da man sie auch mit dem Mauszeiger bedienen kann, zwar ist er etwas schwammig und anders als du er Windows Oberfläche aber immerhin etwas einfacher. Mit dem UEFI kann man die Sicherheitsoptionen, die CPU spezifischen Features, die Taktraten, die Temperaturanzeige und die Stromanzeige verwalten. Um das UEFI zu nutzen, musst du den Rechner neu starten, hat er allerdings kein UEFI sondern BIOS musst du UEFI zuerst installieren, dies funktioniert nur, wenn du Windows neu installierst. Nach der Neuinstallation von Windows fügst du den Installationsdatenträger (CD oder USB-Stick) in den PC ein und wählst zur Installation

UEFI aus. Nach der Windows Neuinstallation „spammen" sie anschließend die vom Hersteller vorgegebene Taste, um auf die UEFI Oberfläche zu gelangen. Man kann seine CPU auch über das UEFI übertakten.
Die Übertaktung der CPU sorgt für eine höhere Leistung des Prozessors
und somit auch mehr Leistung in Spielen oder Sonstigem. Eine CPU hat
eine Taktfrequenz, die vom Hersteller festgelegt wurde. Doch durch das
Übertakten wird diese überschritten und kitzelt bis in die letzte Ecke
Leistung aus dem Prozessor. Doch bevor Sie Ihre CPU übertakten, sollten sie darauf achten, dass Ihr PC über ausreichend Kühlung verfügt,
denn das Übertakten sorgt für einen höheren Hitzeausstoß. Falls Ihre
normale Kühlung nicht ausreicht, empfiehlt sich eine Wasserkühlung
oder eine Stickstoffkühlung. UEFI verfügt über alle wichtigen Treiber
die Windows für den Systemstart benötigt, welche einen schnelleren
Start ermöglichen. Zudem bietet UEFI 128 Partitionen, die eingerichtet
werden können. Erweiterte Sicherheitsfunktionen wie die Unterstüt-
zung des TPM Chip und der Secure Boot sind auch gegeben.